JN087523

ブランド力を数値化する

「マーケティングの新指標」

ブランド・パワー

Brandism
木村元

SE SHOEISHA
MarkeZine BOOKS

はじめに

ブランディングは、概念ではなく、あくまでも手法である。売上や利益を生み出していくという事業の根幹そのものがマーケティングであるならば、ブランディングとはそのマーケティングに内包される最重要の手法である――私はこう考えています。

つまり、手法である以上は、達成するべき特定の目的（=売上と利益を上げること）があり、またそこにたどり着くための方法や手段が明確にあるということです。

ただ、ブランディングについては、アカデミックにも、実務的にも、これまで概念的に語られることが多かったように思います。ブランディングにより、新たな文化を作ること、社会的意義を生み出すことなどを良しとするアプローチも決して間違ってはいません。ですが、ビジネスの成功確率を高めるためのブランディングを考えると、そうした考え方やアプローチが必ずしも正しいとは言えません。

では、なぜ、日本企業のブランディングは未だ概念的なものとして留まり、再現性のある形で実務に落とし込めていないのでしょうか？　これには、二つの要因があると私は考えています。

一つ目は、企業の中でブランディングに関するノウハウが確立されておらず、一般にも情報が流通されていないためです。外資系企業と異なり、日系企業の多くはブランドマネジメント制度を採っていません。ブランドマネジメント制度とは、企業あるいは企業が保有するプロダクト、サービスのブランド価値を高めることを第一目的に組織や管理体制を最適化する経営手法で、１９３０年代にＰ＆Ｇによって開発されました。ブランドマネジメント制度にも一長一短がありますが、この進化とともにマーケティング手法としてブランディングが進化してきたことは事実です。

ブランドマネジメント制度の採用が欧米ほど進んでこなかった日本では、ブランドの管理や育成を広報部門が担っていたり、そもそもそういった部署が存在しなかったりする企業もあります。もしくは、スタートアップや中小企業の場合、経営者がブランディングをコントロールしているケースが多く、そもそもブランディングに関与している人が極端に少ないことも、手法としてのノウハウが体系化されない要因になっていると考えられます。

二つ目は、マーケティング戦略ひいては事業戦略において、ブランディングがどのように売上と利益に寄与するかが正しく理解されていないからです。ゆえに、これまで適切な投資がされてこなかったとも言えます。

実際、ブランディングの話になった途端に、数値化をし、シミュレーションを立てるのが突然難しくなると思いませんか？

私自身も、ユニリーバでマーケティング部署に異動になった当初は、ブランディングがもたらす売上への効果について疑問に思うことが多々ありました。ブランドマネージャーが、ブランドガイドラインにある細かいルールにもとづき製品パッケージの色の濃淡、ＣＭでタレントが着る衣装などの一つひとつに対して、これはブランドとして正しい、正しくないという議論をしているのを見た時、「これは一体売上にどう繋がるのだろうか？　時間の無駄じゃないか？」と思ったものです。

しかしそれは、ブランディングがどのように売上や利益に繋がっていくかについて、私が理解できていなかっただけで、その構造を紐解いていくと、たしかにこれらの議論は非常に重要なものでした。

ブランディングの重要性を理解し、新しいマーケティングにチャレンジしたい、けれども、会社や上司がわかってくれないという相談を受けることがありますが、それも売上・利益とブランディングの関係性を紐づけられていないことに終始する場合がほとんどです。

本書では、「マーケティングの根幹であるブランディングこそが、売上と利益を生み出す源泉的な経営活動であり、最も有用な方法論のひとつである」という考えのもと、ブランドに対する顧客認識の状態を数値化し、競合と比較できるようにする指標として「ブランド・パワー」を紹介します。具体的には、売上を最終ゴールにブランディングを可視化する手法として「Brand Power Analytics」の解説を行います。

統計学や高度な数学の知識などがなくとも、これまでふんわりとしていた概念としてのブランディングを可視化する術を理解し、ブランディングやマーケティングに携わっている方々が日々の業務にすぐに活かせるような書籍を目指しました。アカデミックな内容も多少はありますが、「Brand Power Analytics」自体は、特段難しいものではありませんので、ぜひ実務の参考書として、皆さんの業務の中で繰り返し見直していただけると幸いです。

本書で解説するブランド・パワーは、ブランディングの効果検証を可能にするための、あくまで基礎的なフレームワークです。ブランド・パワーを用いて売上・利益を生み出す真のドライバーを見つけることができれば、自社の戦略にあわせてより最適なブランディング指標を考えられるようになるはずです。

もちろん、ブランディングを可視化する方法は、この一つに限りません。実際、ブランドマーケティングが進展している企業では、持続的な成長を目指して、ブランド力を可視化する独自の指標が設けられています。本書をきっかけに、多くの日系企業から同様の試みが生まれてきたら、こんなに嬉しいことはありません。

最後に、企業の無形資産を意味するブランドアセットという言葉がありますが、これはグローバルの大手ブランドだけが有しているわけではありません。むしろ、厳しい競争環境の中にある中小のブランドこそ、ブランドを自社の資産として捉え、生き残りをかけてその資産を中長期に育成していくべきです。

ぜひ、この続きを読んで、そもそもブランドが売上・利益にどのように作用しているのか、そして売上・利益に作用するブランドの力をいかに数値化すればよいのかを理解していただければと思います。

株式会社Brandism　代表取締役　木村元

目次

3章 ブランド・パワーの分析手法

4章 ブランド・パワーを高めるには

5章 状況別ケースワーク 161

6章 すべての基礎となる戦略構築 205

7章 「概念としてのブランディング」から次元を引き上げよ　249

序章

変革する市場で最後に持てる最強の武器

明日の売上なくして未来の競争力は創られない

マーケティングやブランディングは、特にその定義について、様々な意見や議論があります。先に結論を述べましたが、「ブランディングこそが中長期的な事業成長のために最も本質的で最も重要な方法論のひとつである」というのが本書での考え方です。

はじめに、私がこう考えるに至った経緯、これまでの試行錯誤についてお話ししていこうと思います。私の略歴やユニリーバ社内の組織に関する話も割合多く含まれていますが、お付き合いください。

私は、２００９年にユニリーバ・ジャパンに新卒で入社しました。ユニリーバには約14年間在籍し、「ＬＵＸ（ラックス）」や「Dove（ダヴ）」といったグローバルブランドのマネジメントやスキンケアブランドの統括などに従事してきました。ロンドン本社では、Doveのグローバル本部担当として出向し、世界各国のブランドマネージャーや経営陣とディスカッションしながら、グローバルのブランド戦略をリードするという貴重な経験もさせていただきました。私のマーケターとしての視野はここで何倍にも広がったと感じています。

世界がコロナ禍の混乱に入ったタイミングと時を同じくして、2020年に日本に戻ってきてからは、ユニリーバがM＆Aした「ラフラ・ジャパン」というスキンケアブランドをグローバル展開する企業に出向し、M＆A後の組織統合や事業のV字回復に努めました。

今日までキャリアの大半でマーケティングと経営を学んできた私ですが、実は、新卒時は営業として入社しています。学生の頃から、ゆくゆくは経営の道に進みたいと考えており、「営業経験なしに良い経営者にはなれない」と何かの本で読んだのか、諸先輩方に言われたのか、そのアドバイスに忠実に従い、自ら営業を希望したのでした。

営業では、はじめに小売店やショッパー*起点でのマーケティングを支援するカスタマー・マーケティングを担当しました。日系の企業では営業企画と呼ばれたり、外資系の消費財メーカーではトレード・マーケティング*と呼ばれたりする部門です。その後、小売店への現場営業も経験しています。

現場営業の役割は、自分が担当する小売店での売上と利益を最大化することです。私が担当していたのは新潟に本社を構える全国チェーンの小売店で、毎日のように店舗に通っては店頭の製品を陳列したり、ポップを設置したり。年間、四半期、毎月の売上目標の達成のために、小売店や卸店、各店舗の店長と商談をする日々でした。

消費財を扱う企業においては、プロダクトのコンセプト設計やより下流のマーケティング手法が注目されがちですが、店頭に製品がないと売上は作れませんし、店頭での目立ち方ひとつで売上は大きく変わってきます。営業による売上への影響力は非常に大きいのです。

営業で染みついた日々の売上を追いかけていく現場感覚こそが、売上と利益を生み出す施策でなければ意味がないという自身の考えの礎になっており、この経験がなければ私のマーケター・経営者としてのキャリアはまったく違うものになっていたと思います。

＊ ショッパー：店頭における消費者を指す言葉。消費者をユーザー（使用者）とショッパー（購買者）に区分した時、ショッパーを対象に主に店頭での購買促進を行うことをショッパー・マーケティングと呼ぶ。

＊ トレード・マーケティング：小売業を顧客と捉え、小売業に対して売場起点で行うマーケティングのこと。

単年の売上と中長期のブランド成長を追いかけられる組織体制

約2年半の営業経験を経て、私はＬＵＸのマーケティング部署に異動しました。

日本ではヘアケアブランドのイメージが強いかもしれませんが、ＬＵＸはボディローションやボディソープなどのラインアップを擁するトータルビューティブランドです。ブランドの名前は「Luxury」に由来しており、高貴かつ高品質なブランドイメージとともに、世界１００ヵ国以上で展開されています。その時代のハリウッドスターを起用したテレビＣＭが、記憶にある方もいらっしゃるのではないでしょうか。

当時、日本のヘアケア市場は、アメリカ、中国に次いで3番目に大きな市場でした。ＬＵＸはその日本市場のトップにおり、ユニリーバ・ジャパンの中でも最も売上の大きいブランドだったため、ユニリーバ・グローバルでも日本のＬＵＸ事業は非常に注目されていました。

そのマーケティング担当ですから、当然、担う役割は大きく重要です。

優秀なマーケティング人材が揃う中に私が配属されたのは、実力があり期待されていたからというよりは、売上が大きいゆえに組織の人数も多く、他のブランドのマーケティング部に配属するよりリスクが少なかったからではないかと思います。もしくは、営業出身者として、既存にはない視点と思考によるアプローチを期待されていたのかもしれません。

配属の背景はわかりませんが、とにかく私のマーケティングのキャリアはＬＵＸから始まりました。

当時、ユニリーバ・ジャパンのマーケティング部門は、0から1を生み出していくチームと、１を１００に育てていくチームの大きく二つに分かれていました。

前者の0から1を生み出すチームは、中長期的なブランドの育成・強化、つまりこの本で言うブランド・パワーの向上を役割として担います。ブランド戦略を構築し、新プロダクトの開発やリニューアル、テレビＣＭを筆頭とする大型キャンペーンなど戦略の骨子を担う施策を企画開発するのがこのチームの大きな役割です。また、多くのグローバルブランドでは「〇〇とはこのようなブランドであるべきだ」などという明確な指針がブランドブック*で定められています。グローバルで統一されたブランドイメージを醸成していくこともこのチームの重要な役割でした。

一方、後者の1を100にしていくチームは、策定されたブランド戦略や大型キャンペーンをもとに、プロモーション施策を企画・実行していく役割を担います。広告代理店と連携し、メディアプランニングの判断をしたり、コミュニケーションを開発したりするのもこちらのチームの任務です。単年のP&Lが最重要KPIとして設定されており、マーケティング投資に対する売上のシミュレーションをもとに予算の調整なども行います。

* ブランドブック：ブランドの理念や考え方をまとめた社内向けの資料で、ブランドガイドラインとも呼ばれる。ブランドの目指す方向性や価値観のほか、ロゴやプロダクトを露出させる時のビジュアルや表現に関する細かなルールが記載されていることもある。特に、ブランドをグローバル規模で展開している企業においては、ブランドブックが重要な役割を果たす。

	ユニリーバ マーケティング組織	
	0→1を生み出す部門	1→100に育てる部門
役割	・ブランド中長期戦略の策定 ・新製品やキャンペーン開発 ・ブランド価値の向上	・ブランド短期戦略の策定 ・プロモーション開発
KPI	・ブランド力の向上 ・売上の伸長、利益の改善	・P&Lの達成

【図表0-1】ユニリーバのマーケティング組織

少し乱暴にそれぞれの役割を整理すると、次のような区分になります。

■ブランド戦略を形作る0→1の部門。ブランド戦略を構築し、ブランド力を中長期的に維持・向上させていく。同時に、売上と利益を向上させるために、新製品を生み出す部門でもある。

■マーケティング活動をリードする1→100の部門。構築された戦略やプロダクトをより多くの顧客に届けることで、売上を伸長させていく。売上と利益を管理し、関係部署と連携をしながら目標であるP&Lを必達させる。

日系企業のマーケティング組織では見かけない形だと思いますが、ブランドマネジメント制を採っている外資系企業では同じような組織体制が敷かれていることが多いです。短期の売上予算をストイックに達成しつつ、並行してブランド力を強化していくことが可能な組織モデルで、中長期的にブランドを育てていくには良い組織モデルだと考えます。

さて、私がマーケティングに異動した当初、ＬＵＸで担当したのは後者の１を100に伸ばしていく役割でした。

ＬＵＸのマーケティングチームは、ユニリーバ・ジャパンの中でも、最も多様性のある組織のひとつだったように思います。チームは国籍も中国、韓国、グアテマラ、オーストラリアと多種多様なメンバーで構成されており、基本言語はもちろん英語。まったくと言っていいほど英語を話せなかった私にとって、朝から晩まで英語で会議漬けという環境は過酷で、会話についていくのに必死でした。

ただ、ユニリーバは素晴らしい会社で、私のようなマーケティングキャリアがなかった人間を育てつつ、上手に活かしてくれました。マーケティングに関する基礎知識は当然求められましたが、他の同世代のマーケターと同様の業務内容ではなく、より営業のバックグランドを活かせるようなプロジェクトを担当させてもらっていたと思います。私のもとには小売店や卸売など営業周りに関する質問が毎日のように寄せられました。

私自身、営業の現場で学んだことを起点にマーケティングの企画を提案することが当初は多く、そうしてマーケターとして周りと異なる価値を出すことで、少しずつ自信をつけていくことができました。

売上拡大に効くドライバーは何なのか

とはいえ、営業からマーケティングに異動した時は、様々なカルチャーショックと困惑がありました。売上と利益を上げるというKGIは全社で共通であるにもかかわらず、先に挙げたマーケティング内の二部門と営業とで重視しているKPIが異なるため、**「どこのボタン（KPI）を押せば売上が上がるのか」**がわからなくなったのです。

もちろん、あらゆる部署が全てのKPIを達成することが最適解であることは間違いないのですが、何かを強めようとすると、何かが弱まってしまうという、いわゆるトレードオフになってしまう部分も多々あります。

たとえば、0→1でブランドの中長期的な成長を考えるチームは、ブランドの世界観を統一することを重視し、プロダクトや店頭のポップ、CMなどのクリエイティブに対して、「ロゴの色が違う」「ロゴの位置が1ミリズレている」「髪は輝くのだ、艶めくのではない」などと、細かい指摘を入れてきます。そんなことより店頭で少しでも目立つビジュアルにしたほうがよほど売上に繋がるのではないだろうかと営業出身の私には解せないことも多く、モヤモヤしていました。

元々私は理系の出身で、数字やファクトに基づいて理詰めで考える左脳系のアプローチのほうが得意です。かつマーケティング未経験の私にとっては、特にコミュニケーションのビジュアルやブランドイメージに関する議論は理解しづらいことも多く、頭の中は「?」だらけでした。この困惑は、「マーケティングがわからない」という自分のコンプレックスに繋がります。時折、経営者やマーケターの中には独特の天才的なセンスを有している方がいますが、私はそのようなセンスに恵まれていません。

だから、自分の利点を活かして、ロジカルに体系化してみることにしました。

クリエイティブ的なセンスも含めて、自分にはマーケティングがわからないというコンプレックスを解消するために、感覚で議論されている部分を数字に置き換え、ブランディングがいかに売上に繋がるのかをロジックとして捉えるように試みたわけです。

マーケティングやブランディング、経営の書籍を読み漁り参考にしながら、また自分がいる環境を利用して、自分や関連部署の業務とKPI、その結果である売上を材料に少しずつ体系を固めていきました。

売上の構成要素の分解を試みる中で、私がまず疑問に思ったのは、**一般的なロジックツリーにはブランディングの要素がない**ということでした。

ユニリーバは、中長期的に売上を生み出せるブランドを世界中で育てようとしています。短期かつ単年の売上を作ることを前提としつつ、並行して強いブランドを育てていくということが会社の大方針として決められているからです。

ゆえに、ユニリーバのブランドマネージャーには、短期の売上達成と中長期のブランド育成の両方がミッションとして課されます。中長期的なブランドの成長が大事であるということはよく言われますが、売上・利益の達成と同等にこれをミッションとして定めているブランドは日本企業においてはなかなかないでしょう。

こうした大方針のもと、ユニリーバではみんな必死にブランドを作っています。だからこそ、売上の構成要素にブランディングの評価指標が入っていないことに、私は大きな違和感を覚えたのだと思います。また、後に自分もブランドマネージャーになってからは、マーケティング活動における投資の意思決定を行うために、ブランディングの各施策がどのように売上に繋がっているのかを考えざるを得ないことに気付きました。

そこで、ブランドを売上の構成要素に入れた時、その他の要素がどう分解されていくのかを考えました。それを図式化したのが【図表0－2】です。「売上＝数量×単価」というように売上そのものを構成する要素を分解するのではなく、**売上拡大を実現する企業の競争力を起点に要素を分解していったもの**です。

私の経験上、製品の見つけやすさ・買いやすさは当然として、ブランド力も売上に比例します。

このツリーを用いることで、各部門の誰が何を追いかけているのか、その目的は何なのかが整理され、どこのボタン（ＫＰＩ）に課題と機会があるのかをクリアに考えられるようになりました。ブランド力がないから売上が上がらないのだとか、店頭の

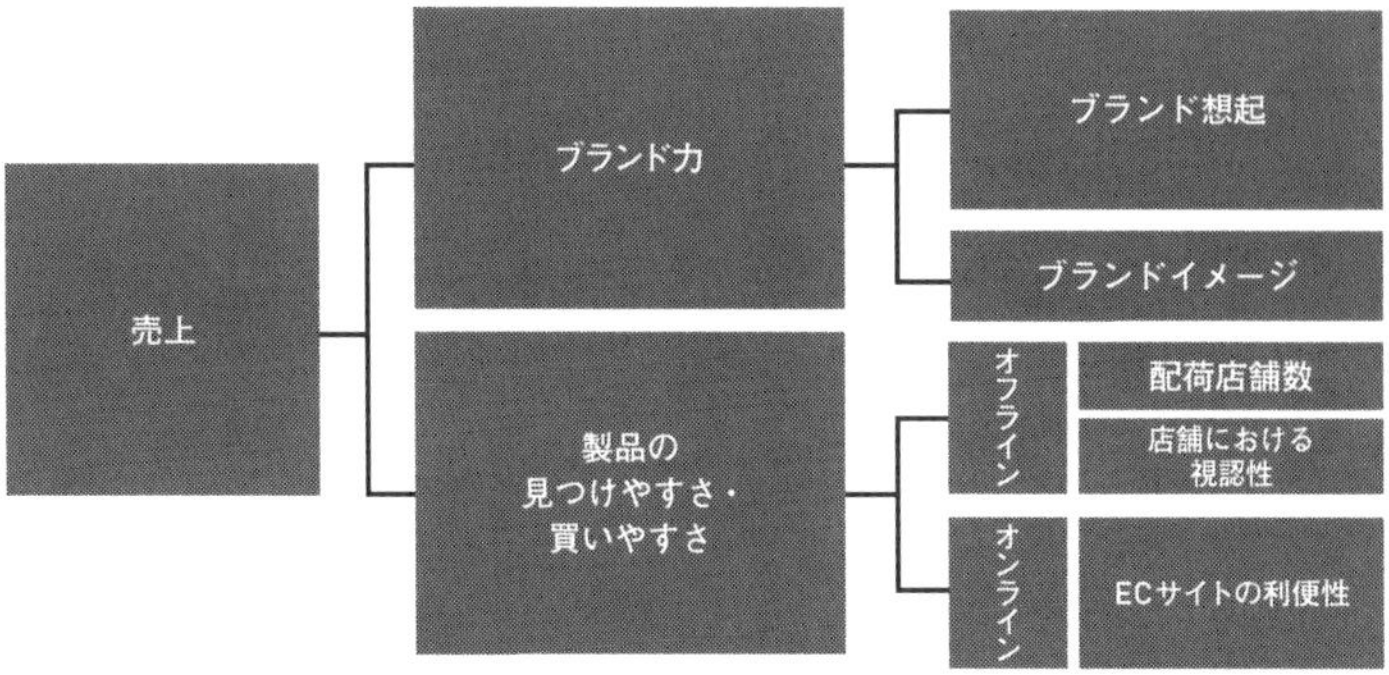

【図表0-2】売上の構成要素

露出が弱いから売上を達成できないのだとか、部門間での責任の押し付け合いのような不毛な議論もなくなりましたし、何より正しいアクションを考えられるようになりました。

このロジックツリーについて詳しくは後述しますが、先に結論を述べると、「強いブランドを作ること」と「製品の見つけやすさ・購入しやすさを高めること」の両方を追いかけないことには、売上の拡大は叶いません。営業の頃、毎日のように店舗に通い、店頭にできるだけ商品を良く並べよう・自分の担当する店舗から売上を作ろうと必死でした。そうした営業側の活動も絶対に必要ですし、ブランドブックの規定を一言一句すべて記憶し、本気で強いブランドアセットを作ろうとするブランディング活動もたしかに売上に繋がるものでした。

これらのことを、日々の業務で数値化と検証を繰り返すことで理解できたのです。

製品の見つけやすさ・買いやすさはともかく、ブランド力のほうは、数値化する術を具体的に知らない方が大半かと思われます。ぜひ、この続きを読んで、ブランドが持つ力を数値化する方法を参考にしていただければと思います。

シェアゲーム発想のマーケティングではもう勝てない

私がユニリーバに入社した2009年当時は、経営においてもマーケティングにおいても、「競合からいかにシェアを奪うか。いかに自社ブランドのシェアを維持・向上するか」というシェアゲームの発想がベースにありました。しかし、大手メーカー同士のシェアゲーム発想による典型的なマーケティングで戦える時代はもう終わりました。

皆さんにも馴染みがあると思うので、ここでもヘアケアカテゴリーのLUXを例に取りながら話を進めていこうと思います。

2009年前後、日本のヘアケア市場にはユニリーバの「LUX」、P&Gの「パンテーン」、資生堂の「TSUBAKI」、花王の「メリット」の4大ブランドが存在していました。ヘアケアのカテゴリーは、消費財の中でもとりわけ投下するテレビCMのGRP*が多く、広告モデルに対する投資も大きい、マスマーケティングにおいては先進的なカテゴリーだったと認識しています。

また、この4大ブランドでヘアケア市場の大半を占めていたので、売上・利益を上げるというKGIを達成しようとすると、自ずと「どこのブランドからシェアを奪ってくるか」という思考になっていました。

「他社ブランドよりもリーズナブルな価格で商品を提供する」「他社ブランドよりも多くテレビCMのGRPを投下する」といったマス的なマーケティングアプローチによって、配荷率を上げ、小売店でより良い場所に陳列してもらい、販売数を伸長させる。言ってしまえば、こうした**シェアゲーム発想でも戦えていた**とも言えます。


ところが、現在のマーケットは、様相がまるで違います。ドラッグストアでヘアケア商品が並んでいる棚を見てみてください。商品棚には、大手ブランドの商品に限らず、D2C発のブランドや高価格帯の商品が並んでいます。

コンビニに並んでいる商品の品揃えに関しても同様です。お菓子、総菜・お弁当、飲料品、アルコール飲料……いずれにおいても、並んでいる商品（ブランド）の種類

＊ GRP：Gross Rating Pointの略。一定期間に流したCM1本ごとの視聴率の合計を示す指標で、日本語訳は延べ視聴率。

は以前と比べ物にならないくらい多く、季節限定の商品や高価格帯のプレミアム商品、プライベートブランドの安価な商品など、消費者の選択肢はこの10年で格段に増えました。

こうした市場の変化は、大手ブランドにおいては困難な状況をもたらし、スタートアップ含む中小ブランドにおいてはこれまでにはなかった大きなチャンスと、かなしいかな、やはり同等に大きなリスクをもたらしています。

私が経験した象徴的な出来事をひとつ紹介しましょう。

2015年に日本のヘアケア市場でナンバー1のシェアを記録したLUXは、2017年上下期、2018年上期と順調に右肩上がりで成長を続けていました。ところが、2018年の下期からピタリと成長が止まり、むしろシェア率が下がるようになってしまいます。こういう場合、自社と競合ブランドのデータを分析し、「大手競合ブランドがドンと伸びていて、シェアを大きく取られている。ならば、どう取り返すか？」という具合に対応を考えるのが正攻法でした。しかし、この時は、LUXを含む大手4ブランドが軒並み好調とは言えない状況だったのです。

代わりに売上を伸ばしていたのは、誰も競合としてウォッチしていなかった、データ上は「other（その他）」に含まれるブランドでした。

「otherにここまで売上を奪われるなんてあり得ない」という意見もありましたが、分析を進めていくと、ニューカマーのブランドが高価格帯の商品で売上を伸ばしていることがわかってきました。勘のいい方ならおわかりになるかもしれません。ちょうどI-neの「BOTANIST」やViCREAの「&honey」などが急成長し始めたタイミングです。

この頃から、顧客を奪い合うシェアゲームではなく、顧客に選ばれ続けるためのブランド価値創造が第一に重要であるという考えにシフトしていきます。

人口減少が進みターゲットの母数自体が減少する、競合は無数に増え続ける、テレビCMを筆頭にマスマーケティングが効きづらくなっている――大手ブランドを取り巻く現在の市場環境がいかに過酷なものか、想像するのは難しくないでしょう。

反対に、中小／スタートアップの新興ブランドにとっては大きな可能性が広がっていると捉えることもできますが、前述の通り手放しにも喜べません。

インフルエンサービジネスしかり、D2Cブランドしかり、成功している中小ブランドが増えているのは間違いありませんが、食品、スキンケア、ヘアケア、アパレルなどいずれのカテゴリーにおいても群雄割拠の状況。瞬発的に売上を伸ばすことができても、中長期的に売上と利益を創造することができないブランドがほとんどで、新興ブランドも、出ては消え、出ては消えの状況です。

総じて、現在の市場にはスモールプレイヤーからビッグプレイヤーまでが入り交じり、さらに入れ替わりも激しいため、市場の実態すら掴みづらい環境になっています。どのブランドが勝っているのか、伸びているのかすら、市場を見渡してもなかなか見えてきません。インフルエンサーやＫＯＬ*、デジタル広告を上手く活用して、店頭でも見たことのないような小さなブランドが一時的にユーザーを奪っていく、というようなこともザラにあるのです。

＊　ＫＯＬ：Key Opinion Leaderの略。特定の分野において深い知識や専門性を有しており、その発言に影響力や説得力、信頼性を持っている人物のこと。

戦略上「適正な」ブランドが生き残れる時代に

大手はもちろん、中小や新興ブランドも残された隙間市場で戦うことはもはや厳しく、短期で小規模の売上を獲得することはできても、中長期的に売上・利益を生み出すことは難しい市場環境になっています。何より消費者の選択肢が増えた今、この先も生存していけるのは、マーケットで顧客を一時的にでも獲得できるシェアゲームの勝者ではありません。

私は、これから先の時代にも生き残っていけるのは、**誠実なブランド**だと考えています。

ブランドに求められる「誠実性」を微分すると、**適正な市場で、適正な価格で、適正なターゲットに、適正な価値を提供する。顧客に期待されている通りに、プロダクトおよびサービスで価値を還元する**ということになるでしょうか。すなわち、自らの持ち得るパワーを市場で発揮するというような一方向的なブランドの在り方ではなく、**顧客目線で顧客の期待に対して正しく価値を提供できるブランドこそが持ち得る競争力＝ブランド・パワーを戦略的に高めていくことが、これからはすべての企業に求められてくる**だろうと考えます。

そうした時、そのブランド・パワーを数値化し追いかけていこうと考えるのは、ごく自然なことでしょう。

この先、市場でどんなルール・チェンジが起こっても、時代や社会の移り変わりと共に消費者が変化しても、ブランド・パワーは企業が最後まで使える最強の武器であり、売上と利益の源泉となる企業の資産でもあります。

ブランド・パワーを向上させるための活動は、ブランドとしてあるべき姿を追求することに他ならず、そうして培ったブランドに対する顧客の印象や信頼は、そう簡単には揺らがないからです。

ブランドは1日で成るものではありません。ブランド・パワーを数値化し、中長期的にトラッキングして、その強化を目的にマーケティング活動を行っていく。本書では、そのためのメソッドを以降で解説していきます。ですが、これはブランディングのスタート地点であり、また一部分に過ぎないということを、先に述べておきたいと思います。

1章

ブランディングと売上の相関関係

既存のロジックツリーで分解する売上の構成要素

事業を拡大していく時、ブランディングを行うか否かの答えは、疑う余地もありません。その上で、ブランディングと定義するマーケティング活動を行い、売上増という結果がともなわないのであれば、その活動の前提にあるマーケティング戦略が間違っているか、施策の設計に問題があると断言します。

もしくは、効果を検証するタイミングが早すぎる場合もあります。継続的に実施することで売上に繋がっていく施策を尚早に止めてしまい、成果がなかったと結論づけてしまうケースはよくあります。

ここで一度、売上のロジックツリーに立ち戻り、ブランディングと売上の相関関係について考えていきます。

売上を構成するロジックツリーには、無数のパターンがあります。最も一般的なロジックツリーは「売上＝数量×単価」の方程式を起点にするものでしょう。

P44の【図表1－1】のツリーをもとに考えると、売上を上げるためには、まず購入人数と1人当たりの単価を上げることになります。顧客は、既存顧客と新規顧客に二分され、既存顧客を増やすにはリピート率か購入頻度・購入数を上げる、新規顧客を増やすにはリーチとコンバージョン率を高める、という大きく二つにアプローチが分かれます。

しかし、このロジックツリーだと、マーケティングや営業が持つKPIの相関関係が区分されておらず、先に挙げた営業とマーケティング、ブランディングでトレードオフになってしまう部分の議論が解決されません。

たとえば、この中でブランディングの良い影響を受けるのは、「客単価」「リピート率」「新規顧客へのリーチ効率」「購入率」などです。ですが、営業の視点から分析すると、客単価が上がるのは店頭におけるクロスセル施策や商品を山積みにできた成果ですし、リピート率が上がるのは配荷率を維持・向上できたから、と考えられます。コンバージョン率の向上は、店頭のポップの成果と言えるかもしれません。

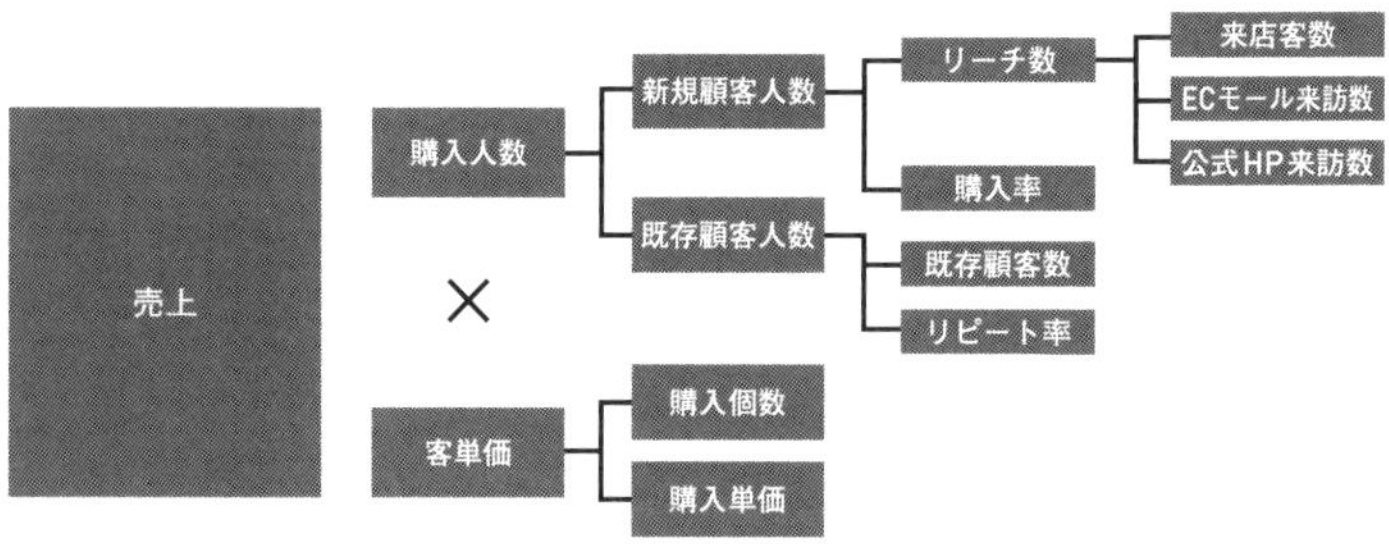

【図表1-1】最も一般的な売上のロジックツリー

つまり、マーケティングおよび営業のＫＰＩと、売上への影響度合いが明確になっていないのです。

また、小売店での販売を中心としたオフラインビジネスを主とする企業では、【図表１－２】のようなロジックツリーを使用するケースも多いと思います。これは「売上＝配荷店舗数×１店舗あたりの売上」の方程式を起点にしており、いかに配荷店舗数を上げ、１店舗あたりの売上を上げるかで考えるものです。

配荷店舗数は単一指標であり、高めるのには限界があるため、施策としては店舗あたりの売上を最大化する方法を考えるほうが効率がよくなります。店舗あたりの売上を最大化するための主な施策として考えられるのは、来店客数を上げるためにチラシを配布したり、来店した顧客へのリーチを上げるために通常棚*の目立つ位置にプ

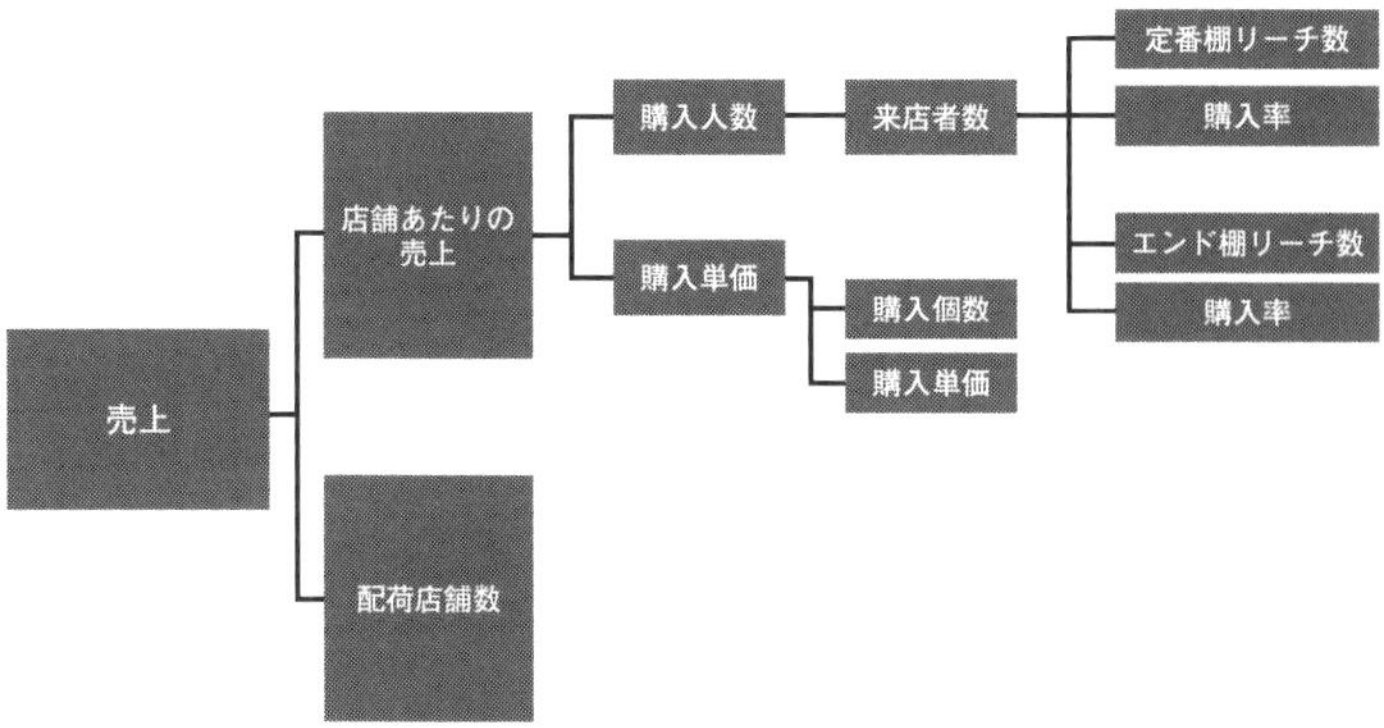

【図表1-2】オフラインビジネスを主とする企業で主に用いられる売上のロジックツリー

ロダクトを置いてもらったり、エンド棚*を獲得したりするなど。要は、ほとんどが営業起点の施策になり、結果、このようなロジックツリーで考えると、営業起点の施策のほうが効果が大きいように見えてしまいます。

何より、これらのロジックツリーには、企業が人と時間とお金を投資して作っている「ブランド」の要素がありません。実際にはブランドを目的に商品を購入する顧客も多数おり、ブランドの認知率やブランドイメージは売上に大きく寄与しているのですが、その重要性が反映されていないのです。

* 通常棚：店舗内で、特定のカテゴリーのプロダクトがまとめて並べてある棚のこと。通常棚には定番のプロダクトが並べられる。

* エンド棚：通常棚など長い陳列棚の両端に設けられている棚のこと。店舗内のメイン通路に面しているため、通常棚を通らなかった人も含め、より多くのショッパーにプロダクトを見てもらうことができる。

ブランド・パワーでロジックツリーを再構築する

再び、本書で用いるロジックツリーが【図表1－3】です。

このロジックツリーでは、売上の構成要素を「ブランド・パワー」と「製品の見つけやすさ・購入しやすさ」に二分しています。特徴は、ブランディングのＫＰＩと物理的なコンバージョンのＫＰＩを区分して見ることができる点です。どのような事業においても、この二つは売上と相関関係にあります。

強力なブランド・パワーがあったとしても、製品を購入できる店舗が見つからない、店舗内で製品が見つからない、ＥＣサイトの使い勝手が悪いなど、購入体験が物理的に優れていなかった場合、顧客は容易に購入するブランドを切り替えます。「絶対にこのブランドでなければいけない」という指名購買は、皆さんが思っている以上に多くありません。顧客は常に、複数の選択肢の中から最終的な購買の意思決定

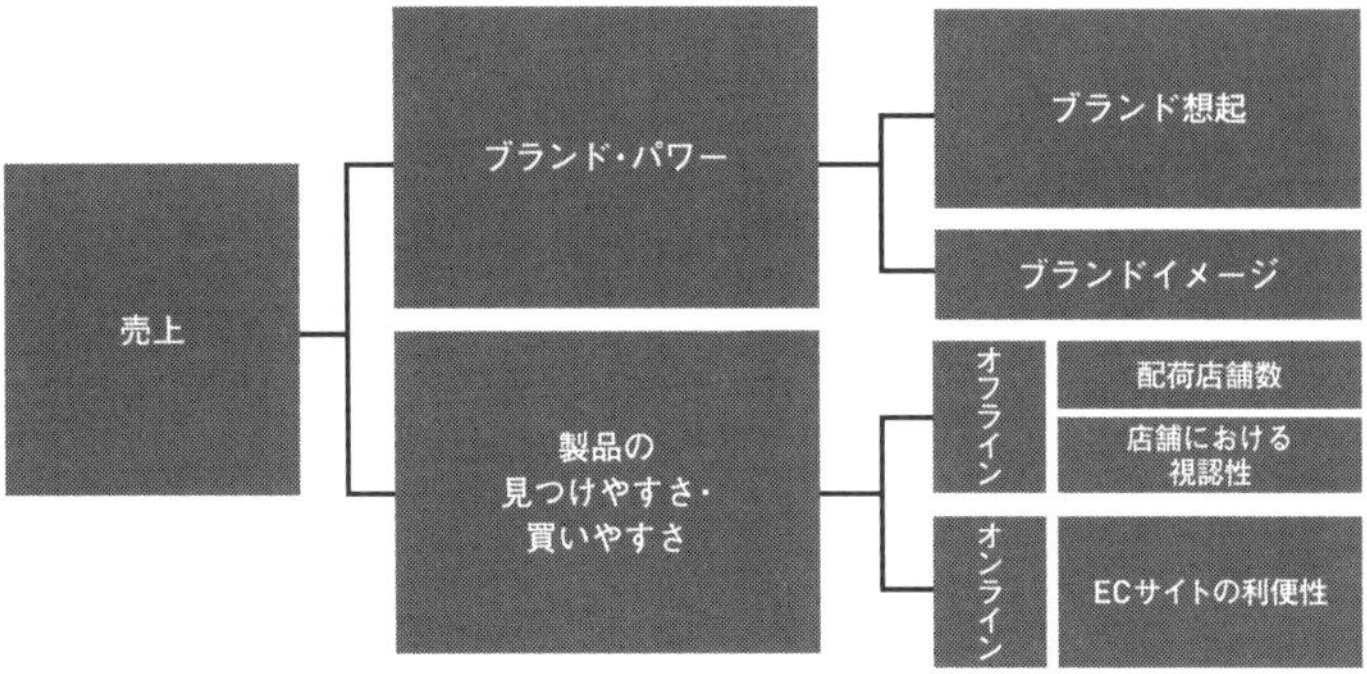

【図表1-3】本書で用いる売上のロジックツリー

を下します。小売店を介してビジネスを行っているブランドに限らず、すべての事業において、購買への物理的なアクセスのしやすさは必ず求められる要素です。

かくいう私も、マーケティング部門に異動した当初は、営業出身のバックグラウンドを活かし、店頭露出を高めることで売上増に直結するような施策を一種の勝ちパターンのようにハックしていました。その成果もあり、Ｐ＆ＧのパンテーンをKIき、ＬＵＸを日本で最も売れているヘアケアブランドにすることができたのだと思います。

ただ、あらゆる場所で製品が展開されており、ＥＣサイトのＵＩ／ＵＸが優れていても、そもそも顧客がブランドを認知しておらず、購入するに至るブランドイメージが顧客の中で形成されていなければ、売上は発生しません。

詳しいロジックについては、ブランド・パワーの構成要素を解説する次の章で理解していただければと思いますが、ブランド・パワーを高めるということは、**ブランドに対する顧客の認知の「量」と「質」を高めていくこととイコール**になります。

また、認知の「量」を上げることは潜在顧客に対するリーチを増大させていく活動に、認知の「質」を上げることはリーチした顧客が購買に至るまでのファネルを深化させていくことで購入率を高めていく活動にあたります。

このうち認知の質を獲得していくために必要になるのが、「ブランドイメージ」です。ブランドイメージというと、また概念的でふわっとした理解になってしまいそうですが、本書では「顧客が求めている最低限の機能をブランドが保有していること」と「競合にはない独自性を保有していること」の二つがブランドイメージには欠かせないと考えていきます。いずれもスコアとして数値化できるものです。

ブランディング施策の効果検証をする時、ブランドに対する好意度や推奨度を指標として用いている企業が現状多いと思います。ですが、そこが根本的に間違っているのです。

ブランディングとは、特定のブランドイメージを伸ばしていくことにより、ブランド想起の量と質に対して効果を発揮するべきもので、それらが伸びていけば売上に確実にプラスの影響があります。マーケティングファネルにある通り、認知の先にあるのは、顧客の「購買」だからです。

ブランド・パワーの数値が伸びているにもかかわらず事業が成長していない場合、考えられる理由は二つしかありません。一つは、市場自体が極端に縮小している場合、もう一つは「製品の見つけやすさ・購入しやすさ」の部分が悪化している場合です。反対に言うと、この二つが現状維持されている状態で、ブランド・パワーを高めることができれば、間違いなく売上は向上していくでしょう。

ぜひ、みなさんも【図表1－3】に自社の事業の数値や、難しい場合は定性的なコメントを入れて、直近1年間と昨年同期比とで比較してみてください。より短期で見ていく場合は、直近3ヵ月とその前の3ヵ月の比較でも良いです。この本を読み終わった時には、ブランド・パワーも含めて、全ての要素を数値化することができるようになっていると思います。

そして、売上を上げるためにはどこの要素を強化しなければならないのか、あるいはどこが弱いから売上が下がっているのかが確かにわかるはずです。

ブランド・パワーで売上の限界を超えていく

ブランド・パワーは、顧客がどれだけそのブランドを認識し、評価しているかを可視化するものです。すなわち、顧客の心の中における「ブランド想起のされやすさとその度合い（心理的な可用性）」と言えます。

ただし、何度も繰り返しているように、ブランドだけでは、購買には繋がりません。ブランドが競争力を持ち、成功をおさめるためには「物理的な購入のしやすさ（物理的な可用性）」、つまり製品の在庫状況や販売チャネル、配荷などが適切に選択されてあり、商品やサービスが顧客に対して物理的に利用可能な状況であることも強く影響します。

【図表1－3】のロジックツリーを既存のマーケティング概念に落とし込んだものが【図表1－4】です。

バイロン・シャープ氏は『ブランディングの科学［新市場開拓篇］エビデンス

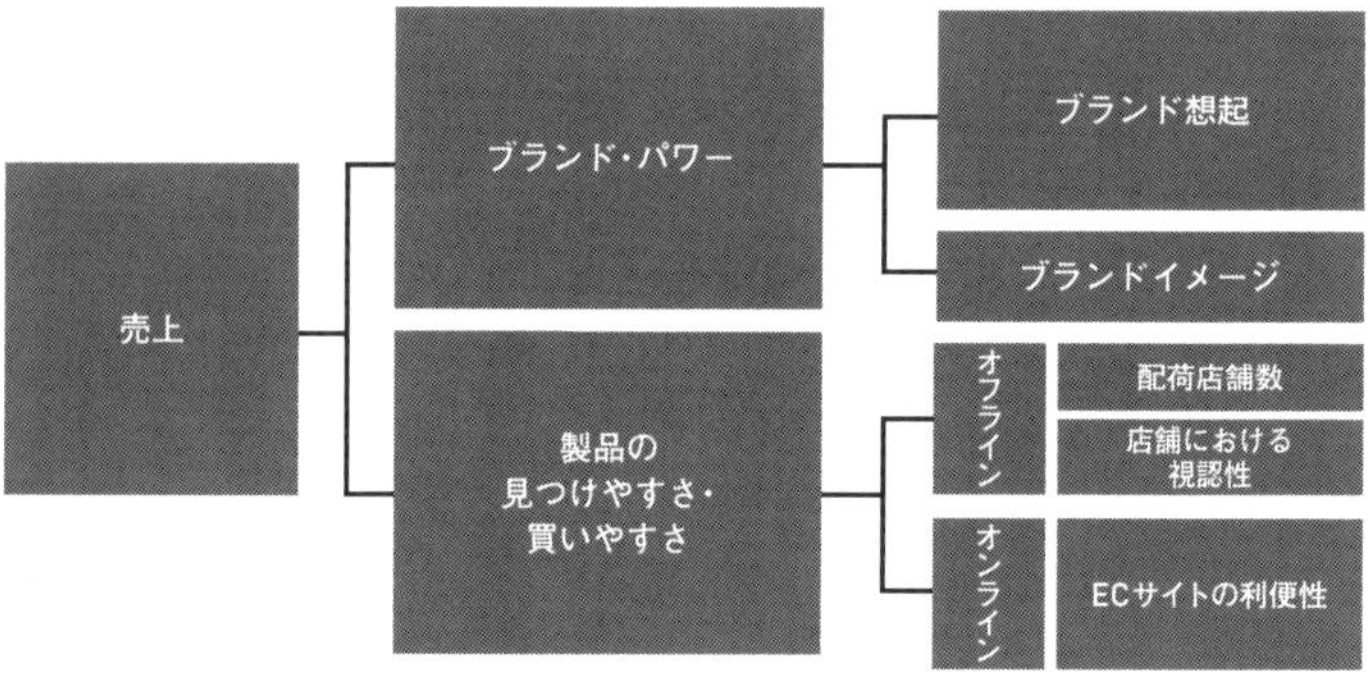

【図表1-3】本書で用いる売上のロジックツリー

に基づいたブランド成長の新法則』の中で、ブランディングで重視すべき視点としてMental Availability（心理的な可用性）とPhysical Availability（物理的な可用性）の二つを挙げています。本書では、Mental Availabilityの数値化を試みることで、売上に寄与するブランド力を可視化するアプローチをとっています。

参考として、バイロン・シャープ氏はMental AvailabilityとPhysical Availabilityについて、次のように解説しています。

■Mental Availability（メンタルアベイラビリティ）：心理的な可用性

消費者のブランドにかかわるすべての記憶のことで、ブランドロゴやパッケージの形やブランドカ

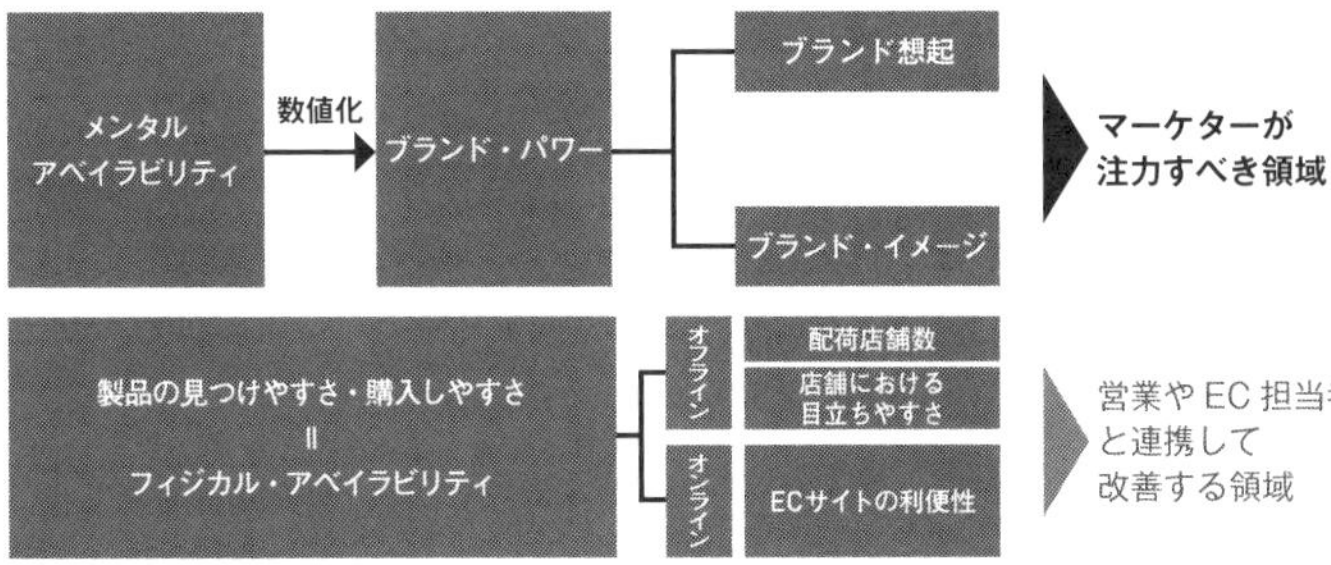

【図表1-4】Mental AvailabilityとPhysical Availabilityの関係

ラーなどのブランドの構成要素から、なぜ・いつ・どこで・誰と・何と一緒に買う・使うのかというようなブランドオケージョンの記憶を指す。このようなブランド記憶が多いほど、またその記憶が新鮮であるほど、購買シーンで消費者がブランドを想起する確率が競合ブランドよりも高まる。

■Physical Availability（フィジカルアベイラビリティ）：物理的な可用性

ブランドの存在感が高まっていて多くの消費者に幅広い購入機会が提供されている状態。具体的には配荷の量と質のことであり、ただ単に100%どの店にも配荷されているだけではなく、棚位置やフェイス数*、棚以外での山積みを獲得し、ECサイトでは上位に検索され、小さいスマホ画面の中でも目立つように配

＊ フェイス数：商品棚で商品が何列並んでいるかを意味する数字

置されているなど、消費者がブランドを購入する瞬間に常に競合よりも購入されやすい状態であることが問われる。

このうち、マーケターが注力すべき指標がMental Availabilityで、Physical Availabilityは営業やＥＣ担当者と連携して改善していく指標となります。

Physical Availability強化による効果

本書の本題ではありませんが、ブランドを立ち上げてから日が浅く、まずは手っ取り早く売上を作っていこうとしているフェーズにある時は、Physical Availabilityを優先することを推奨します。特に流通を介さなければ顧客の元に届けられない消費財のような商材の場合、配荷店舗数や店頭での視認性を上げることが第一です。

具体的には、該当カテゴリーのメインの商品棚で顧客の目線に商品が置かれているようにする、商品のＳＫＵ*が大きく、商品棚における占有率が高い状態を作る、メインの商品棚以外にエンド棚にも商品を置いてもらうといった状態が理想です。

＊　ＳＫＵ：Stock Keeping Unitの略。受発注・在庫管理を行う時の、最小の管理単位を指す。

また、現代におけるPhysical Availabilityの定義は、デジタル上にも広がっています。ウェブやSNS上でブランドに関する情報・コンテンツを発信することには、ブランドの認知を上げる役割がある一方で、いかに顧客の目線に入っていくかという観点では物理的な購入のしやすさを拡大するためのPhysical Availabilityを強化する役割があるとも考えられます。Amazonや楽天市場に広告を展開したり、商品を上位に表示させたりするのも、「商品を見つけやすく、購入しやすくする」ことが主目的であり、Physical Availabilityを強化していることになります。

議論の行き着くところとして、**Physical Availabilityの強化は、ブランドの認知形成にも繋がります。**市場における認知率が80%を超えるようなメガブランドは、テレビCMを中心とした大量のマス広告を投下していますが、新製品などの認知経路を調べてみると、実はテレビCMよりも店頭のほうが大きいこともしばしばです。つまり、「商品を見つけやすく、購入しやすくする」ためのPhysical Availabilityを強化することは、結果的に「ブランド想起率」を向上させるMental Availabilityの強化にも繋がり、一石二鳥であると言えます。

Mental Availability強化で得られる効果

一方で、Mental Availabilityにしかない作用もあります。

当然ですが、製品を販売している配荷店舗数を100から1000店舗に広げたり、検索エンジンで自社のECサイトがより上位に表示されるようにしたりすると、売上は上がります。しかし、Physical Availabilityはそのすべてを自社でコントロールできるわけではありません。商品を置くか置かないかの決定権は小売店にあるため、配荷店舗数は簡単には拡大できませんし、SEOは特に外部環境の変化に大きな影響を受けます。

加えて、Mental Availabilityと比較すると、Physical Availabilityは限界を迎えやすいことも欠点です。たとえば、ドラッグストアなどで販売されているシャンプーのブランドは、その多くがおおよそ1万店舗以上に配荷をしています。ですが、実は、それ以上の規模で配荷できたとしても、配荷店舗数と売上が比例して上がるわけではないのです。

これは、デジタルマーケティングにおけるCPAを中心とした獲得効率の鈍化とも考え方が似ています。デジタル広告の運用に従事されている方においては、日々の広告運用をていねいにやり尽くしても数値を改善できる範囲に限界を感じられることがあると思います。これは、店頭の配荷店舗数や棚スペースに限りがあるのと同じように、ウェブ上でダイレクトに獲得が可能な顧客数に限りがあるためです。

ある程度ブランドがスケールすると、Physical Availabilityの売上への貢献度は限界を迎えます。そこから先は、Mental Availabilityでの戦いです。

Physical Availabilityの「物理的な購入のしやすさ」を基盤として確保しつつ、Mental Availability(≒ブランド・パワー)を強化することで、売上の限界値をさらに伸ばすことができます。日系の大企業と異なり営業人数などの物理的なマンパワーでは勝つことのできない外資系の消費財メーカーがブランド・マーケティングに力を入れているのは、こうした背景です。

2章

ブランドの状態を可視化する新指標「ブランド・パワー」

ブランディングを進化させる新指標

自社のブランド価値やブランディング施策を数値化できているかと問われ、「はい」と答えられる企業が、今日本にどれだけあるでしょうか。ましてや、それをマーケティングの意思決定に繋げられている企業は、かなり少数であると思われます。

そもそも、ブランディングは、たしかに数値化が難しいのです。

わかりやすい比較対象として、数値化が進んでいるデジタルマーケティングの領域においては、ユニットエコノミクス*的なアプローチを取ることが可能です。CPA*やROAS*、LTV(Life Time Value：顧客生涯価値)などの数値をもとに、施策の費用対効果がどのくらいか、投資額に対して売上・利益で回収できる見込みがあるのかをシミュレーションすることができます。そうした利点があるゆえに、デジタルマーケティングの領域ではPDCAを前提とした効果検証や手法の確立が進んできたと言え

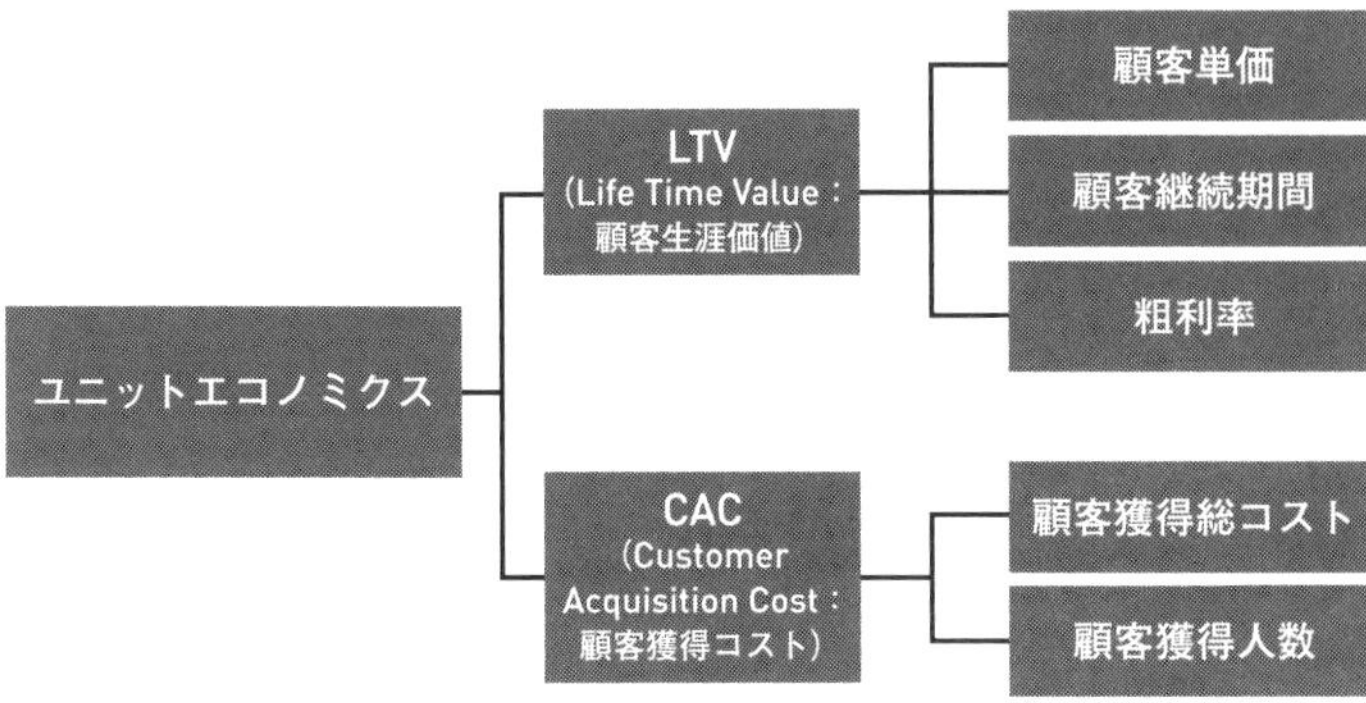

【図表2-1】ユニットエコノミクスの考え方

ます。

では、ブランディングはどうでしょうか？

先に、ブランディングを数値化できている企業は日本にはほとんどないと言いましたが、実態としては、ブランディングを数値化していない（しようとしていない）企業と、外部の調査会社やコンサルティング会社に委託して定期的に数値化して

＊ユニットエコノミクス：ビジネスにおける顧客１人あたりの採算性、収益性を示すマーケティング用語。特に、顧客１人から継続的に売上・利益を作ることが求められる、サブスクリプションモデル、ＳａａＳのビジネスで重視される。

＊ＣＰＡ：Cost Per Acquisitionの略。コンバージョン１件を獲得するのにかかったコストを指す。

＊ＲＯＡＳ：Return On Advertising Spendの略語で、広告の費用対効果を示す指標。「広告からの売上÷広告費×１００（％）」の計算式で、かけた広告費に対する売上を％で表す。

もらっているが、アクションに落とし込めていない企業との二つのケースがあると見ています。

後者の場合、ブランディングの数値化としてよく用いられる指標には、ブランドに対する「好感度」や「NPS(Net Promoter Score)」と呼ばれる顧客推奨度があります。「好感度」はブランドが好きかどうかの指標で、NPSは「周りの人に勧めたいくらい好きなブランドであるか」を測る指標です。

ただ、好感度やNPSと売上との相関性を見出せている企業は、意外と多くないでしょう。理由は、これらの指標で可視化することができるのは、どちらかというと、ブランド・ロイヤルティやCRM*の概念であり、新規顧客による購入との相関性が弱いからです。

実は、日本企業に限らず、世界的に有名なブランドを保有している企業でも、費用対効果ベースでブランディングを正確にスコアリングできている企業はそう多くありません。ブランドマーケティングを重視しているユニリーバでは、日常的な指標としてブランドに関する様々なスコアをトラッキングしていますが、こうした企業は片手で数えるほどでしょう。

さて、いよいよ本書の核の部分に入っていきます。

本書では、**ブランドに対する顧客認識の状態を具体的に数値化し、他社と比較できる状態にしたスコアを「ブランド・パワー」と総称**します。

マーケティングやブランディングに携わっている方であれば聞いたことがある言葉かもしれませんが、俗に言うブランド・エクイティと似た概念として捉えていただいて問題ありません。

ただ、少しニュアンスを変え、あえて「ブランド・パワー」と表現を強調しているのは、**ブランド・エクイティは無形資産としてのブランドの概念が強く、数値化されるケースがほとんどない**からです。数値化し検証することの重要性は語られているものの、学問的な解説が多く、ブランド・エクイティをどのように測定し、どのようにスコアを伸ばしていくかが実務的に解説されている書籍や論文は私の知る限りありません。

＊　CRM：Customer Relationship Managementの略で、直訳は顧客関係管理。顧客とブランドとの関係性を構築・育成し、ロイヤルティを向上させていくためのマーケティング手法のこと。

対して、本書では、売上と利益をＫＧＩにしてブランディングを可視化・トラッキングし、ブランドの競争力を成長させていく。そのプロセスをどんな企業やマーケターでも再現性をもって実践できるようにすることを目標にしています。ブランディングも数値化できるのだということをイメージしやすい表現として「ブランド・パワー」と総称する意図です。

また、ブランドそのものを資産とするか、ブランドの持つ力を資産とするかで、ブランド・エクイティとブランド・パワーとではブランド価値の捉え方がやや異なっており、本書でマーケティングの新指標と提案したのには、この違いをしっかり伝える意図があります。

さらに言うと、本書におけるブランド・パワーとは、インターブランドやカンターがレポートしているブランドランキングのように、同じ通貨指標で包括的にブランドの価値評価を行うものとは意味合いが異なります。社外に対してブランドの力を伝える指標ではなく、売上と利益を生む源泉としてブランドを作り育てていくために、社内指標としてブランド・パワーを取り入れていただきたいのです。

認知率、新規顧客数、リピート数、CPA、LTVなど、企業それぞれに追いかけているKPIは様々にあると思います。そこから一歩進み、ブランド・パワーを新しいマーケティング指標として取り入れると、並行して多数展開されているマーケティング施策がブランドの強化に繋がっているかを検証することができます。ブランドの現状を可視化する指標としてブランド・パワーが加わると捉えていただければ問題ありません。

科学と言いつつ概念どまりだったブランディング

ブランド・エクイティとは、ブランドが持つ資産価値と説明しました。企業が有する重要な資産としてブランドを捉え、それを適切に管理することによって、企業は売上を拡大し、企業価値を上げることができるというのがブランド・エクイティの考え方ですが、その歴史は古く、実務の世界でもアカデミックの世界でも広く支持されています。

ブランド・エクイティに関する考え方や構築要素、測定方法は多岐にわたり、これに関する書籍や論文も数多く出版されています。中でも有名なのは、「アーカーモデル」と「ケラーモデル」でしょう。

アーカーモデルにおけるブランド・エクイティの構成要素

アーカーモデルは、カリフォルニア大学のデイビット・アレン・アーカー教授が、

アーカーモデル—5つの要素	
1	ブランド認知(Brand Awareness)
2	ブランド連想(Brand Associations)
3	ブランドの知覚品質(Perceived Quality)
4	ブランドへの忠誠度(Brand Loyalty)
5	その他のブランド資産(Brand Assets)

【図表2-2】アーカーモデルの5つの要素

1991年刊行の書籍『Managing Brand Equity』で示した、ブランド・エクイティのモデルです。アーカーモデルは、次の5つの構成要素によってブランド・エクイティが構成されているとしています。NIKEを例に用いて、5つの要素を説明してみます。

1．ブランド認知（Brand Awareness）

顧客がブランドを認識し、ブランドについて知っている程度を示す。

【例】スポーツ用品ブランドの「NIKE」を見たり、聞いたりしたことがあるか。また、ロゴや広告を見たことがあるかどうか。

2．ブランド連想（Brand Associations）

ブランドに対して顧客が持つイメージや感情。

日本語で言うと、ブランドイメージにあたる。

【例】NIKEは、革新的、勇敢、アスリート志向などのブランドイメージの醸成を図っているが、実際に顧客がNIKEに対して持っている印象はどのようなものか。

3．ブランドの知覚品質（Perceived Quality）

顧客が認識しているブランドのプロダクトやサービスの品質。

【例】顧客がNIKEのプロダクトの品質をどう見なしているか。

4．ブランドへの忠誠度（Brand Loyalty）

顧客がブランドをどのくらい支持しているか、継続して選好しているか。

【例】スポーツ用品を買う時は必ずNIKEを選び、他の競合ブランドは選ばないという忠誠度の高い顧客がどのくらいいるか。

5．その他のブランド資産（Brand Assets）

ブランドに関する特許、著作権などの知的財産権や独自ノウハウ、顧客（ファン）

との強い繋がりなど。

【例】NIKEがサッカー選手やバスケットボールのスタープレイヤーとパートナーシップを維持していることなど。

ケラーモデルにおけるブランド・エクイティの構成要素

アーカーモデルは企業目線でブランド・エクイティを捉えているのに対し、もう一つのケラーモデルは顧客目線に寄って構成されている点が特徴です。ケラーモデルは、ブランド・エクイティの構成要素を4つの階層に分け、ピラミッド形のモデルで示しています。こちらはマクドナルドを例に用いて、ピラミッドの土台になるものから順に、4つの構成要素を説明します。

1. ブランド認知（Brand Identity）

レベル1として、顧客がブランドを認知していることが求められる。ブランドの構成要素として最も基本的であり、すべての土台となる。また、認知を獲得する際には、ブランドの突出性（ブランドロゴやスローガンなど）が求められる。

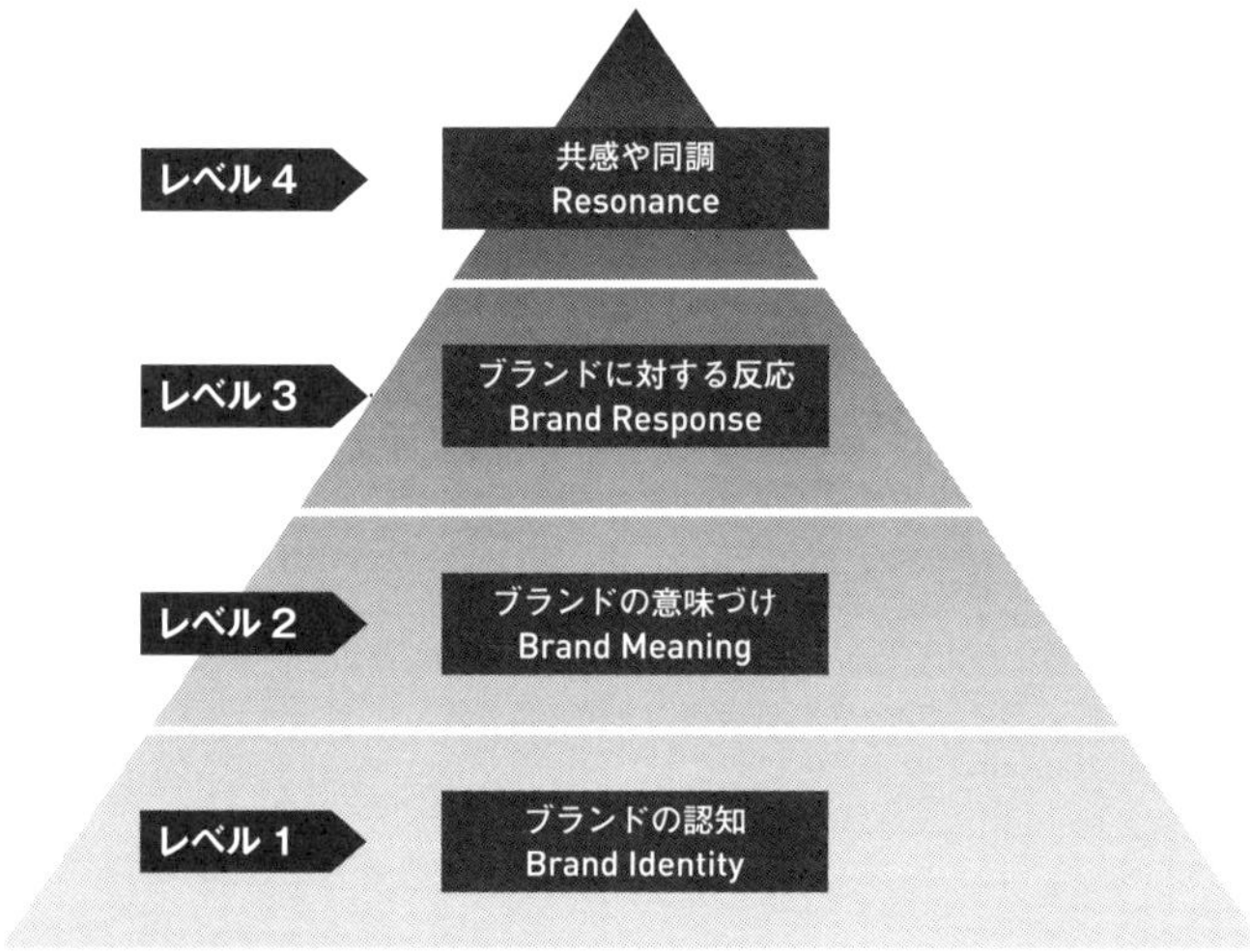

【図表2-3】ケラーモデルの4つの要素

【例】マクドナルドは、特有のゴールデンアーチ（Mの形をした黄色いアーチ）のロゴや「I'm Lovin' It」という有名なタグラインによって、顧客に認知されている。言い換えると、マクドナルドではロゴやタグラインがブランドの突出性としてしっかり機能しており、それにより広く顧客に認知され、店舗も瞬時に識別されている。

2. ブランドの意味づけ（Brand Meaning）

この階層では、ブランドに対する顧客の知識や感情が認知よりも深化し、顧客の中でブランドに意味が与えられることが求められる。具体的には、ブランドの特性や価値が顧客にとって重要であると認識される必要がある。

【例】マクドナルドは、顧客の中で「手軽な食事」「ファストフード」「ファミリー向けの場所」といった様々な意味が持たれている。これは、リーズナブルな価格設定や、提供時間の速さ、豊富なメニュー、ハッピーセットやプレイエリアなど子供向けのプロダクトやサービスが、ブランドの特性や価値として機能しているからである。

3. ブランドに対する反応（Brand Response）

ブランドに対する反応とは、平たく言うとブランドに対する評価を意味する。この階層では、ブランドに対する好意的な評価、忠誠心、ブランドへの選好性（Preferences）*が形成される。

【例】マクドナルドを高く評価している多くのファンは、季節限定のメニューに高い期待を寄せている。加えて、新規のプロモーションや特典に対する関心も高

＊ 選好性：Preferences（プレファレンス）。ブランドを実際に選び購買行動を起こすこと、またその確率のこと。

く、これらがマクドナルドのファンが定期的に店舗を訪れる、すなわち選好性を形成する役割を果たしている。

4．ブランドへの共感や同調（Resonance）

ケラーモデルの最上位に位置する要素で、ブランドに対する深い共感や同調を示す。レベル4では、顧客がブランドに対して強い愛着を持ち、継続的にブランドとの関係性を築くことが求められる。

【例】マクドナルドは、共感と同調を巧みに促進している代表的なブランドでもある。定番のメニューには愛着を持ち、期間限定のメニューについてはＳＮＳで話題性を欠くことがなく、季節の風物詩として周知させることで同調が促されている。また、社会的な取り組みを通じて、顧客からの共感も得ている。

ここまで、アーカーモデルとケラーモデルにおけるブランド・エクイティの構成要素を挙げてきました。これらの各要素がダブルファネルのどこに効くものなのか、それぞれ配置してみたのが【図表２－４】です。

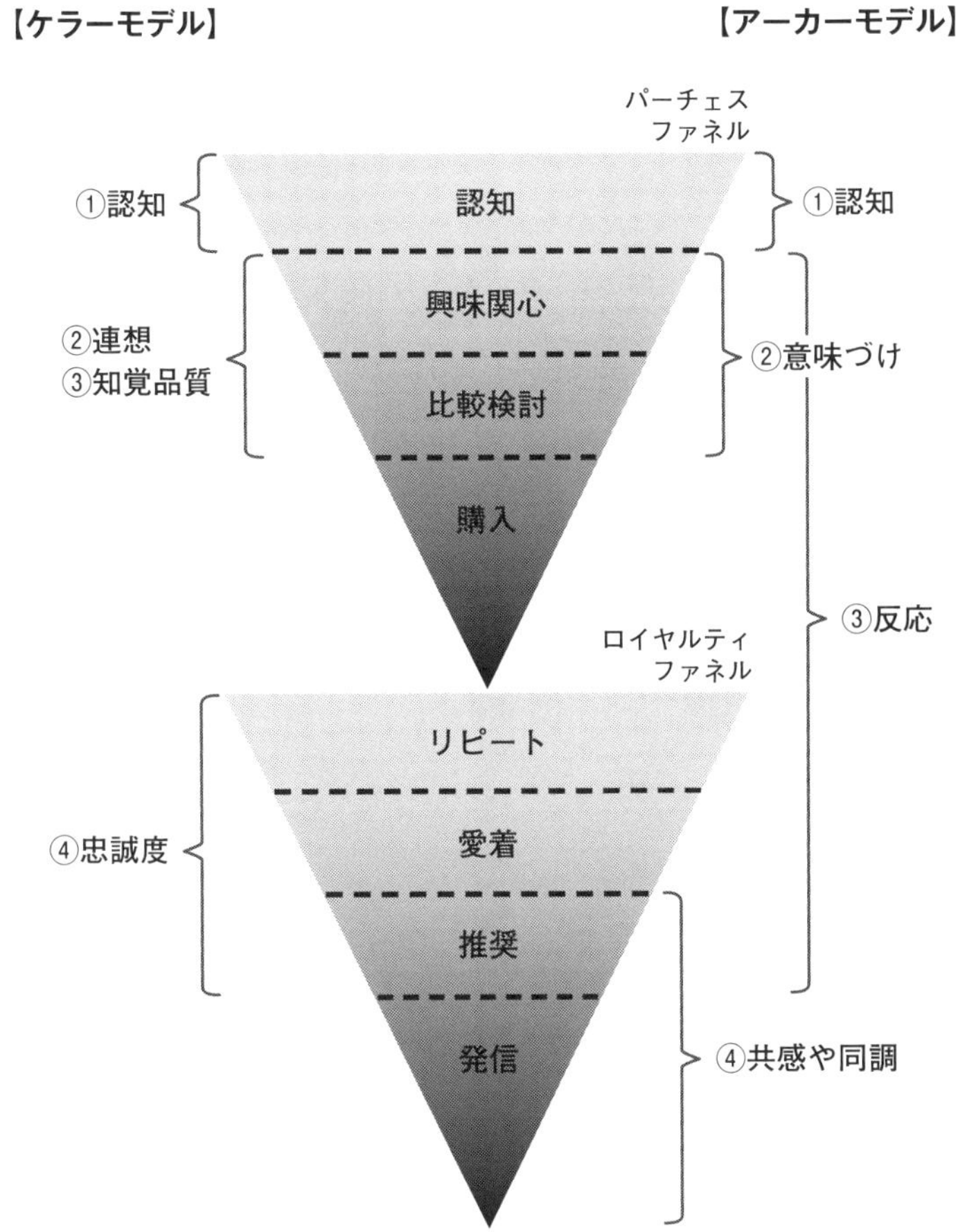
【ケラーモデル】
【アーカーモデル】
パーチェス
ファネル
①認知
認知
①認知
興味関心
②連想
③知覚品質
②意味づけ
比較検討
購入
③反応
ロイヤルティ
ファネル
リピート
④忠誠度
愛着
推奨
発信
④共感や同調

【図表2-4】

本書におけるブランド・パワーの構成要素

ブランド・エクイティの代表的な考え方であるアーカーモデルとケラーモデルは、自社ブランドの価値を高めるために、一種のフレームワークとして世界中のグローバル企業に活用されています。業界や業種、市場環境に合わせて、各社独自のアレンジを加えながら、個別に進化し続けています。

一方で、先に述べた通り、ブランドそのものを企業の資産として捉えるブランド・エクイティの考え方は、マーケティングの実務に落とし込むには少々複雑かつ難解です。実際、ブランド・エクイティを指標として取り入れ定点観測していくには、ブランディング専門のコンサルティング会社に依頼するなど高額な費用が発生することが多く、結果として大手ブランドにしか使えない指標になってしまっていると認識しています。

私が本書を書く目的は、マーケティングに従事するあらゆる実務家において、ブランド・パワーが定常的に数値化およびトラッキング可能な数値として認識・活用され

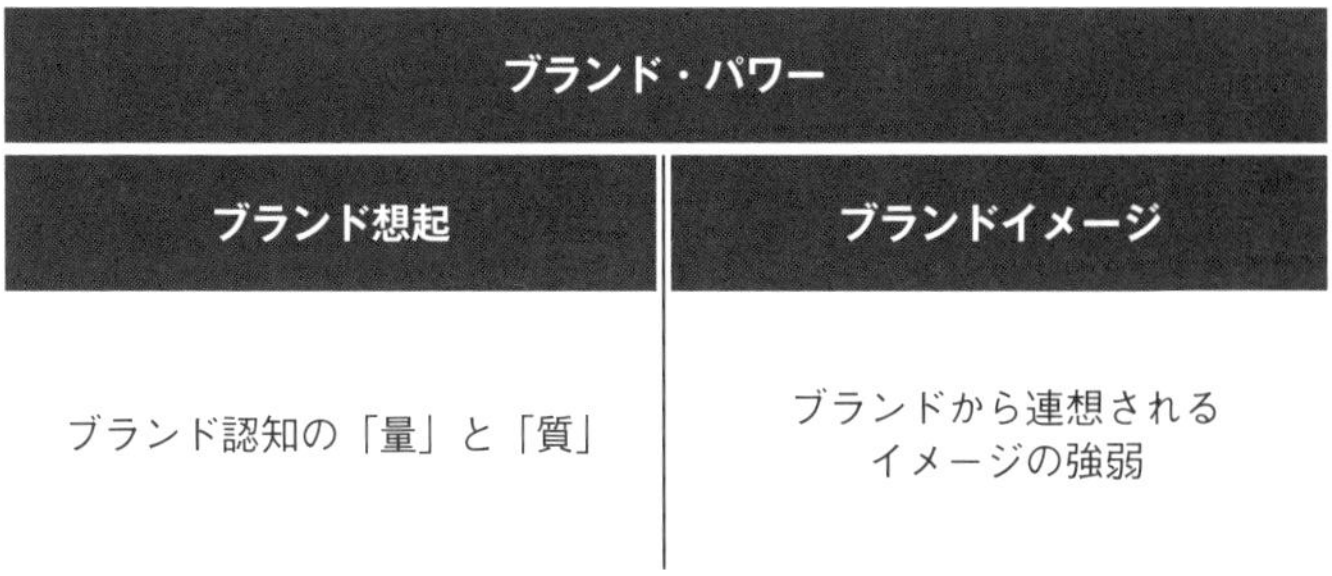

ブランド・パワー
ブランド想起
ブランドイメージ
ブランド認知の「量」と「質」
ブランドから連想される
イメージの強弱

【図表2-5】ブランド・パワーの構成要素

ることにあります。そしてその先には、日本企業にも、ブランドが持つ根元的な力に目を向け、ブランドの競争力を高めるという方針のもと、継続的かつ再現性のある形でブランディングに力を入れてほしいという思いがあります。

その実現のためには、できる限りブランド・パワーの構成要素をシンプルに研ぎ澄まし、日々のマーケティング業務に落とし込める具体的な指標にする必要があります。

そこで、本書では、従来のブランド論をベースにしながら、次の二つをブランド・パワーの構成要素とすることにします。売上との相関性を見出すことを第一目的とし、【図表2－4】のパーチェスファネルに寄与する構成要素を抽出しており、Mental Availabilityを数値化する試みもここにヒントを得ています。

1．ブランド想起

ブランドに対する認知の「量」と「質」を測る指標。ブランドがどれくらいの顧客に知られているかという認知の量と、顧客がブランドにどのくらい興味を持っているか、購買の選択肢に入ることができるほどの良質なブランド認知になっているかという認知の質を測る。

2．ブランドイメージ

ブランドが、どのように顧客に認識・理解されているかを示す指標。ブランドから連想されるイメージの強弱を競合と比較しながら数値化する。

ブランド認知は「量」と「質」で区分して考えよ

ブランド・パワーの構成要素のうち、ブランド想起はブランド認知の量と質で決まり、ブランド・パワーを構築する時の起点となります。

ブランド想起を評価する項目として、一般的には次の４つのフェーズがあります。

1. **ブランド助成想起率**：複数挙げたブランド名の中で自社ブランドを知っている率
2. **ブランド純粋想起率**：カテゴリーを提示した時に、自社ブランドの名前が挙がる率
3. **ブランド想起集合率（エボークトセット）**：提示したカテゴリーにおいて、購入検討時に自社ブランドが選択肢として想起される率
4. **ブランド第一想起率**：カテゴリーを提示した時に、自社ブランドが一番に挙がる率

認知と一口に言っても、この４つのうちどのレベルでの認知率なのかを把握する必要があるわけです。

事業会社のマーケティング担当者の方に「自社ブランドの認知率を知っていますか？」と聞くと、「はい、50％です」というふうに返ってくることがあります。その50％はほとんどの場合、助成想起率を指すわけですが、恐らく多くの日本企業も同じようにこの一つ目の助成想起率しか追いかけられていないのではないかと思います。助成想起に加え、他の3つの数値を把握できていると、自社ブランドの認知レベルに対する解像度が高まります。

助成想起を計測する時は、提示された選択肢の中から知っているブランドを挙げてもらうので、想起をサポートするような聞き方をします。だから、”助成“想起です。たとえば、あるスキンケアブランドの助成想起率が80％だとすると、その80％の中には「ブランドのことをなんとなく知っている、聞いたことがある」という認知レベルの顧客も含まれることになります。

次に、純粋想起を計測する時は「スキンケアブランドの中で、知っているブランドをすべて挙げてください」というような質問の仕方をします。その時点で顧客の記憶に残っていないと、ここで想起されることはありません。

3つ目の想起集合（エボークトセット）は、さらにハードルが上がります。純粋想起で顧客が挙げたブランドが仮に10個あったとして、その中で「買いたいと思う」候補に入ってくるのはせいぜい2～3ブランドでしょう。認知されていても購買に繋がらないと売上・利益は生まれませんから、**ブランドが最も重視すべき認知レベルは、この想起集合である**と言えます。

もちろん、その次の第一想起が最上の認知レベルであることは間違いないのですが、消費者は常に複数の選択肢の中から比較・検討をして、最終的な意思決定（購買）に至ります。必ずしも最初に想起されたブランドが選ばれるわけではないため、マーケティング投資の意思決定をする際、第一想起にこだわる必要はないと考えます。

たしかに、まったく新しい市場を創造する時には、その新しいカテゴリーにおける第一想起を優先的に獲得しにいく考え方もあります。グローバル企業やカテゴリー内でナンバー1を保持しているブランドなどを筆頭に、巨大な資本力を持ってカテゴリーを占有しにいくような戦略を展開する（できる）場合は、とにかく第一想起を狙うことになると考えます。

ただ、永遠に他社が参入してこない市場というのは非常に稀ですし、一度獲得した第一想起も投資をし続けない限り、他社の資本力によっては維持し続けることは困難です。よって、基本的には、常に想起集合に入り続けることを目指すのが良いでしょう。

よくブランドの認知率が上がったのに、売上に反映されないという話を聞きます。具体的には、テレビCMやウェブCMに多額のコストを投下したのにコンバージョンがあまり上がらず、CPAが見合わないといった悩みです。

この場合、上記の認知指標のうち「ブランド助成想起」のスコアは高まっているけれども、それ以外の想起に関するスコアが高まっていない可能性が高いです。

CMで見たからなんとなくブランド名には覚えがあるけれど、いざそのカテゴリーに関して検索したり購買を検討したりする時に思い出せない（思い出さない）。ゆえに、ウェブ上での検索のアクセス数は上がらず、購買にも繋がりません。

さらに言えば、この状況はそもそも認知されているようで認知されていない状態とも言えます。認知指標として指名検索をベンチマークにするケースがありますが、これはブランド純粋想起をトラッキングする考え方に近いです。

余談ですが、「×××と言えば、〇〇〇」というテレビCMをよく見かけると思います。これはまさにブランド純粋想起の向上にワークする手法です。カテゴリーとブランドをセットで伝えることにより、カテゴリー内での想起率を上げようとする意図があります。B2C、B2Bのどちらでも非常に効果的な方法で、「転職」「部屋探し」など様々なカテゴリーでこの手法がとられています。

ブランドイメージを形成するＰＯＰとＰＯＤ

ブランド・パワーの構成要素のうち、ブランドイメージはここまで説明してきたブランド想起の質を向上させるものです。具体的には、「ＰＯＰ(Points of Parity)」と「ＰＯＤ(Points of Difference)」の二つに分けて、ブランドイメージの可視化を試みていきます。

ＰＯＰとＰＯＤの定義の方法は、次の章で詳説しています。ここでは、ＰＯＰとＰＯＤとは何なのかという概念の解説をします。

ＰＯＰ(Points of Parity)とは

ＰＯＰはカテゴリーにおいて最低限満たすべき要素のことを指します。顧客側の視点で言い換えると、あるカテゴリーのプロダクトやサービスに対して顧客が必ず求める要素であり、最低条件とも言えます。

POP と POD の考え方

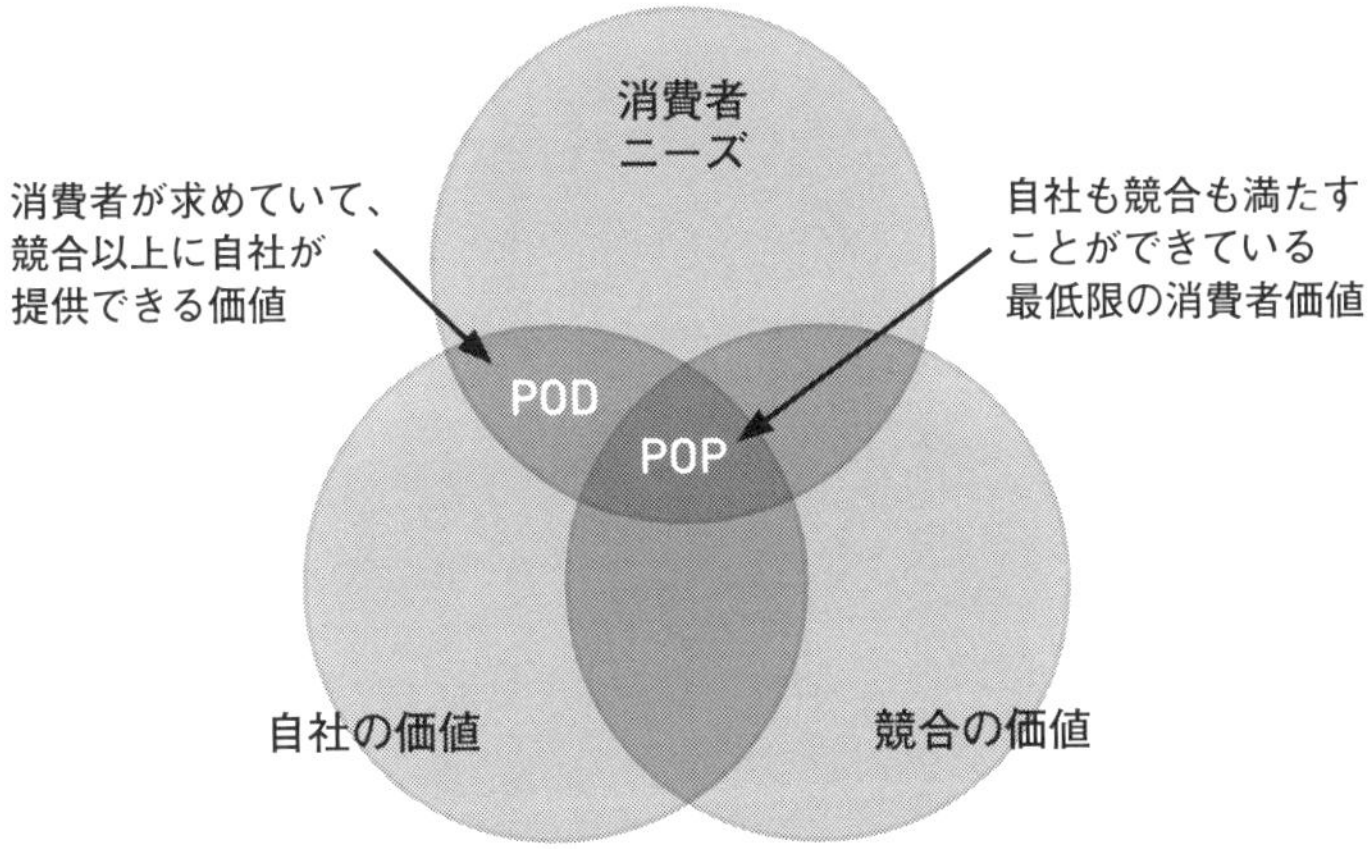

【図表2-6】Points of ParityとPoints of Differenceの考え方

たとえば、あるスキンケアブランドがPOPを以下のように定義したとします。

1．肌にうるおいを与えてくれる
2．肌に刺激がない
3．安心できるブランドである

POPはそのブランドが必ず満たしておく必要がある要素ですから、これら3つのPOPスコアは競合ブランドよりも上回っているか同等でなければなりません。万が一、平均値よりも自社ブランドのスコアが低いということであれば、現時点で顧客のブランド体験は満足いくものになっておらず、リピート顧客の獲得も難しい状況であると判断します。

ブランド担当者は、特に改善が必要な部分を特定し、顧客の認識を変容させていくためのアクションを考え、製品開発部門や広告代理店などと連携しながら、主に製品とコミュニケーションを改善していきます。

POD(Points of Difference)とは

PODは、自社ブランドの差別化ポイントになり得る項目です。POPを満たすだけでは、カテゴリーの中で最低限良しとされる域を越えません。PODを強化することで、競合とは異なる独自価値を創造し、顧客に選ばれ続ける状態を築くことができます。

現代の成熟した市場は競争が激しく、多くの企業が同じまたは類似したプロダクトやサービスを提供しています。特に日本市場は、あらゆるカテゴリーにおいて、必要最低限の機能的な便益を満たしているプロダクトであふれています。顧客は、ウェブ上でブランドやプロダクトに関するあらゆる情報にアクセスできる状況にあり、常に選択肢は顧客側にあります。

そのような状況で、顧客に選ばれるためには、差別化ポイントであるＰＯＤを強化することが肝要です。

加えて、ＰＯＤはブランドの特異性を構築し、ブランドイメージを確立するのに役立ちます。つまり、ＰＯＰよりもＰＯＤのほうが、ブランドイメージの構築への影響が大きい傾向にあります。ＬＵＸがハリウッド女優を起用し続け、ツヤのある髪の毛を広告上で表現し続けていたのは「高級感のあるブランド」「髪の毛にツヤを与えてくれるブランド」というＰＯＤを維持し続けるためです。

たとえば、例のスキンケアブランドのＰＯＤとして以下のような要素が挙げられたとします。ＰＯＤの定義や強化にはいくつか考え方がありますが、基本的にはブランドのフィロソフィやパーパス、独自に有している開発技術などとリンクさせた設計をすることが多いです。

1．シワが目立たなくなる
2．美白効果がある
3．毛穴を目立ちにくくする

4．パッケージデザインが洗練されている
5．高級感を感じられる

このブランドが「日常をより華やかに」などのコンセプトを持っているなら、プロダクトの梱包やパッケージデザインに力を入れて、4や5のPODを獲得しにいくアプローチがあります。また違う観点から、美白に特化した研究開発を行い、新処方を構想するといったアプローチも立派な戦略です。

PODとして多数の要素が挙げられたとしても、それらすべてを満たすことは不可能に近く、むしろその必要はありません。自社ブランドの強みをどこに持たせるか、ブランドの考え方と最も親和性があるのはどのPODか、競合にはなく自社が相対的に獲得できているPODは何かなど、どの要素に着目するかは事業のフェーズやその時々の課題によって異なります。

また、POPとPODのいずれにも共通しますが、ブランドイメージは品質や機能に関する理性的な評価と情緒的な評価で決まります。理性的な評価では製品に対する機能的な便益が、情緒的な評価では楽しさや愛着など感情に働きかける便益が評価項目としてあります。

市場で優位性を保ち続けているトップブランドは理性的な評価も情緒的な評価も高く、両方をあわせ持ったブランドに育てていくことは、強いブランドを作る上で非常に重要です。

パーセプションの前にブランド・パワーを見るべき理由

近年、日本でもパーセプションの考え方を取り入れる企業が増えてきました。マーケティングにおけるパーセプションとは、顧客が特定のブランドに対して持つ「認識」とされています。認識とは、ブランドに対する評価、信念、印象といった主観的な要素の集合体です。なお、当たり前ですが、人によってブランドに対して持つ評価も印象も異なりますから、パーセプションを実務に落とし込んで考える際には、特定のセグメントにおける一般的かつ平均的なパーセプションを定義することになります。

しかし、そもそも多くの企業は、自社ブランドに対して顧客が持っているパーセプションを十分に理解できていません。パーセプションをブランディング戦略に取り入れるならば、一般的かつ平均的なパーセプションを定義してみるにしても、まずは自社ブランドがどのような顧客にどのように思われているのかを把握する必要があるでしょう。でなければ、トンチンカンな方向性のパーセプションに導いてしまう可能性があります。

また、パーセプションは、顧客がそのブランドを認知していなければ生まれません。ブランドを認知した後、様々なきっかけでブランドへのパーセプションが変わっていくことで、人はそのブランドに興味や関心を持ち、時には購買の選択肢に入れたり、実際に購買したりします。パーセプション＝顧客のブランドに対する認識を形成していくための活動は、見方を変えると、ブランド想起の質を高めていくことと同じであると考えることができるわけです。

ブランド想起の質を向上させるためにブランドイメージの状態を定点観測することは、すなわち自社ブランドに対するパーセプションを客観的かつ定量的に見ていくことと言い換えることができます。この時、本書におけるブランド・パワーは、パーセプションを可能な限り分解し、数値化するための指標として用いることができるはずです。

自社ブランドに対するパーセプションを変えることにより新規顧客を拡大し、売上を上げていきたいと考えているならば、仮説ベースで闇雲に自社ブランドのパーセプションを立てるのではなく、まずは顧客視点で調査を行い、ブランド・パワーで自社ブランドの現在地をしっかり把握することからスタートされることをおすすめします。

3章

ブランド・パワーの分析手法

ブランド・パワーの算出に用いる6つの指標

ユニリーバに在籍していた頃、様々な調査会社からブランドに関する評価やトラッキングレポートを出してもらっていました。それらの内容は非常に論理的ではありましたが、やや複雑かつ難解で、日々ブランドの状態を把握するには不向きだったというのが事実です。

同じように自社ブランドの状態を定点観測している企業もあるとは思いますが、日常的に数値をトラッキングし、アクションに繋げられている企業やマーケターはほぼいないと思います。それは、ケイパビリティの不足が原因というよりは、見るべき指標が多数にまたがることで、具体的なアクションを考えにくいという問題に起因していると私は考えます。

本書ではブランド・パワーを定点観測するための指標を可能な限りシンプルにしています。自社内で日々のマーケティング業務のひとつとして定点観測していくことを

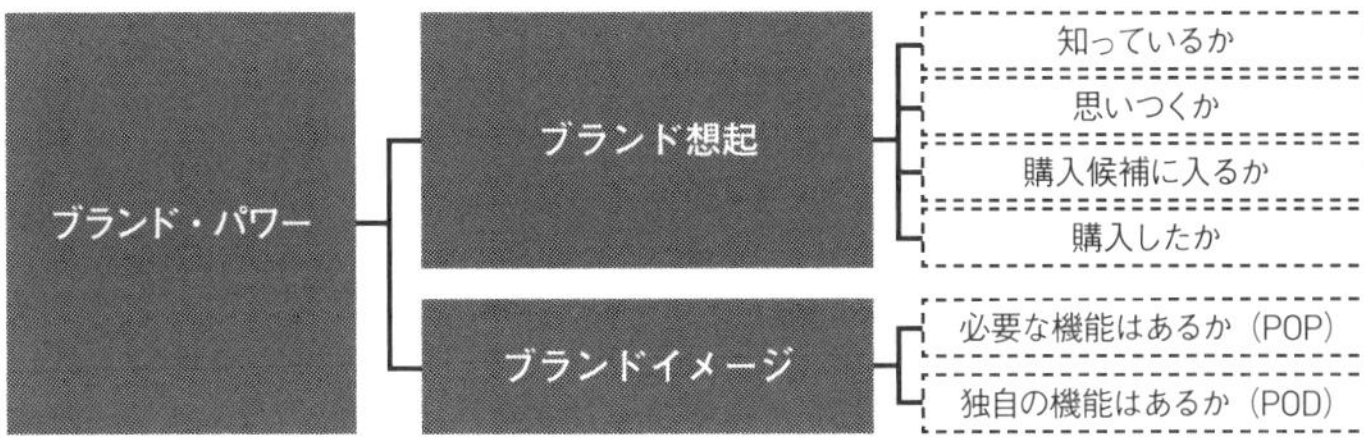

【図表3-1】ブランド・パワーの分析に用いる6つの指標

想定し、「Brand Power Analytics」を開発しました。

Brand Power Analyticsでは、ブランド想起のスコア＝Brand Awareness Scoreと、ブランドイメージのスコア＝Brand Image Scoreに分け、定量調査をもとに次の6つの指標を見ていきます。

Brand Awareness Score

1. 助成想起率
2. 純粋想起率
3. 想起集合率（エボークトセット）
4. 購入率

Brand Image Score

5. POP(Points of Parity)
6. POD(Points of Difference)

ブランド想起を追いかける「Brand Awareness Score」

Brand Awareness Scoreでは、「助成想起率」「純粋想起率」「想起集合率（エボークトセット）」「購入率」の4つの数値を用います。スコアを出すこと自体は難しくありません。顧客に対して次のような定量調査を行い、回答結果をもとに数値化していきます。

なお、Brand Power Analyticsで顧客に対して調査を行う時の具体的なポイントは、本章の最後に説明します。調査設計や調査の方法が間違っていたら、当然ですが、分析から導き出される示唆は正しくないものになるので注意が必要です。

1. 助成想起率：全回答者のうち、自社ブランドを知っていた人の割合を算出
 【設問例】この中で知っているブランドをすべて選択してください（複数選択式）
2. 純粋想起率：全回答者のうち、カテゴリー内にあるブランドとして自社ブランド

を挙げた人の割合を算出

【設問例】○○のカテゴリーの中で思い浮かぶブランドはありますか（記述式）

3. 想起集合率：全回答者のうち、当該カテゴリーで購入候補に入るブランドとして自社ブランドを挙げた人の割合を算出

【設問例】○○のカテゴリーで思い浮かぶブランドの中で、購入候補に入るブランドはありますか（記述式）

4. 購入率：全回答者のうち、自社ブランドを該当期間に購入した人の割合を算出

【設問例】○○カテゴリーで、直近○○ヵ月以内に購入したブランドをすべて挙げてください（記述式）

Brand Awareness Scoreでマーケティングファネルの解像度を上げる

Brand Awareness Scoreの「助成想起率」「純粋想起率」「想起集合率」「購入率」を用いて測るのは、ブランド認知の"量"と"質"です。スコアは、一般的なマーケティングファネルと連動させると、分析しやすくなります。

ファネルの最上段にある「認知」は、見たり聞いたりしたらわかる状況を意味しており、助成想起の定義と同義と捉えます。純粋想起はカテゴリー内において自ら思い出すことのできる状態であり、全く興味や関心のないブランドだとそもそも思い出すことができないので、純粋想起の定義に近いと考えられるでしょう。

比較・検討に入るブランドは、一つのカテゴリーの中で実際に購買を検討されるブランド群なので、まさに想起集合（エボークトセット）と同義です。

こうして考えると、認知の量と質の掛け合わせであるブランド想起を数値化していくことは、マーケティングファネルの分析を行うこととほぼ合致しています。そして、

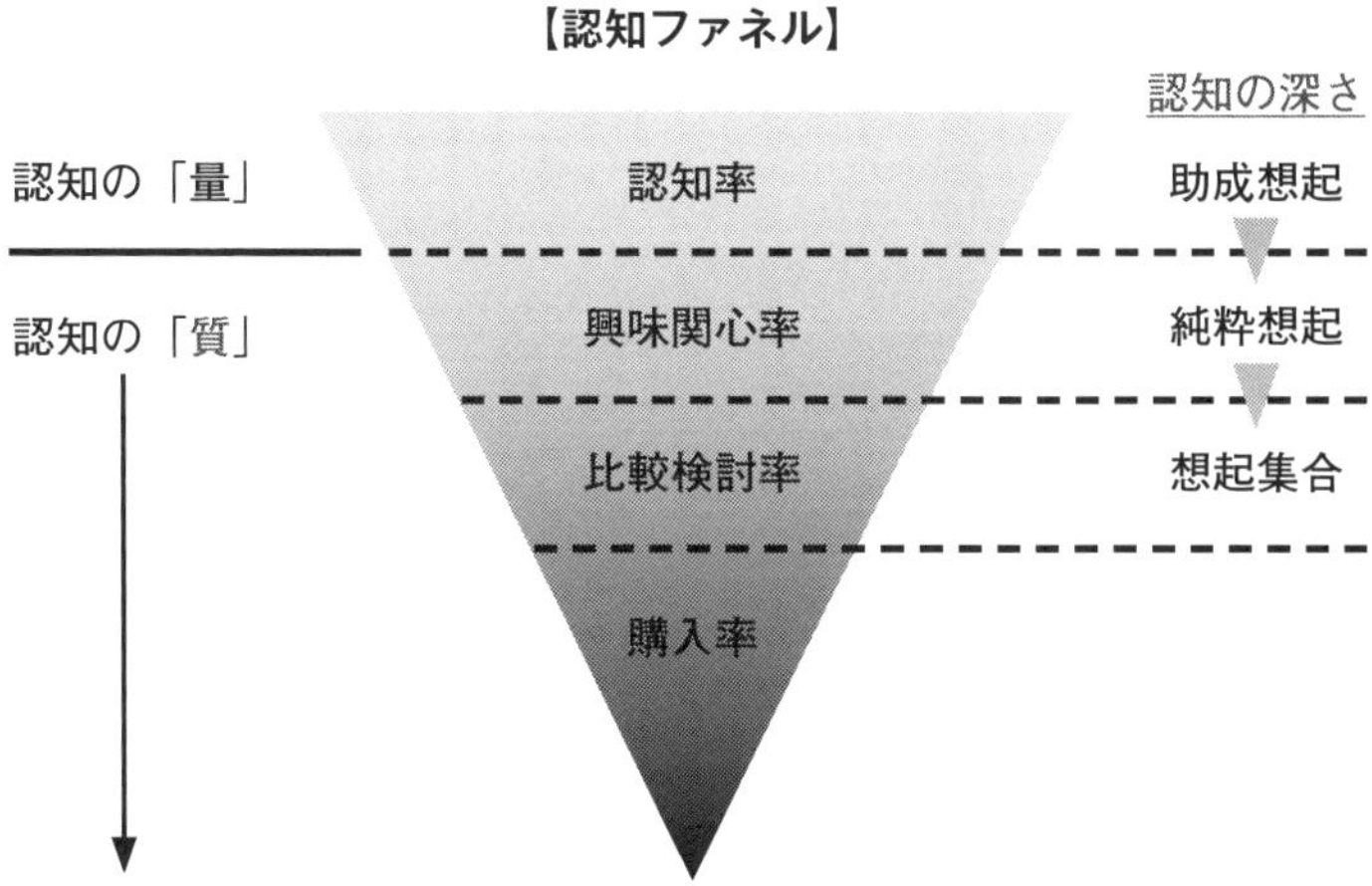

【図表3-2】Brand Awareness Scoreの分析ファネル

マーケティング活動により向上させるべきは「認知の量」だけでなく「認知の質」も含む、ブランド想起＝Brand Awarenessであると考えられます。

Brand Awareness Scoreをアウトプットする時は、【図表3－3】のような形にまとめます。こうすることで、マーケティングファネルにおける自社ブランドと競合ブランドの状態を比較し、特に自社ブランドの弱点を分析できます。見るべきポイントは、次の二つです。

■自社ブランドのファネルで、ボトルネックになっているのはどこか
■競合ブランドのファネルと比較して、弱い部分はどこか

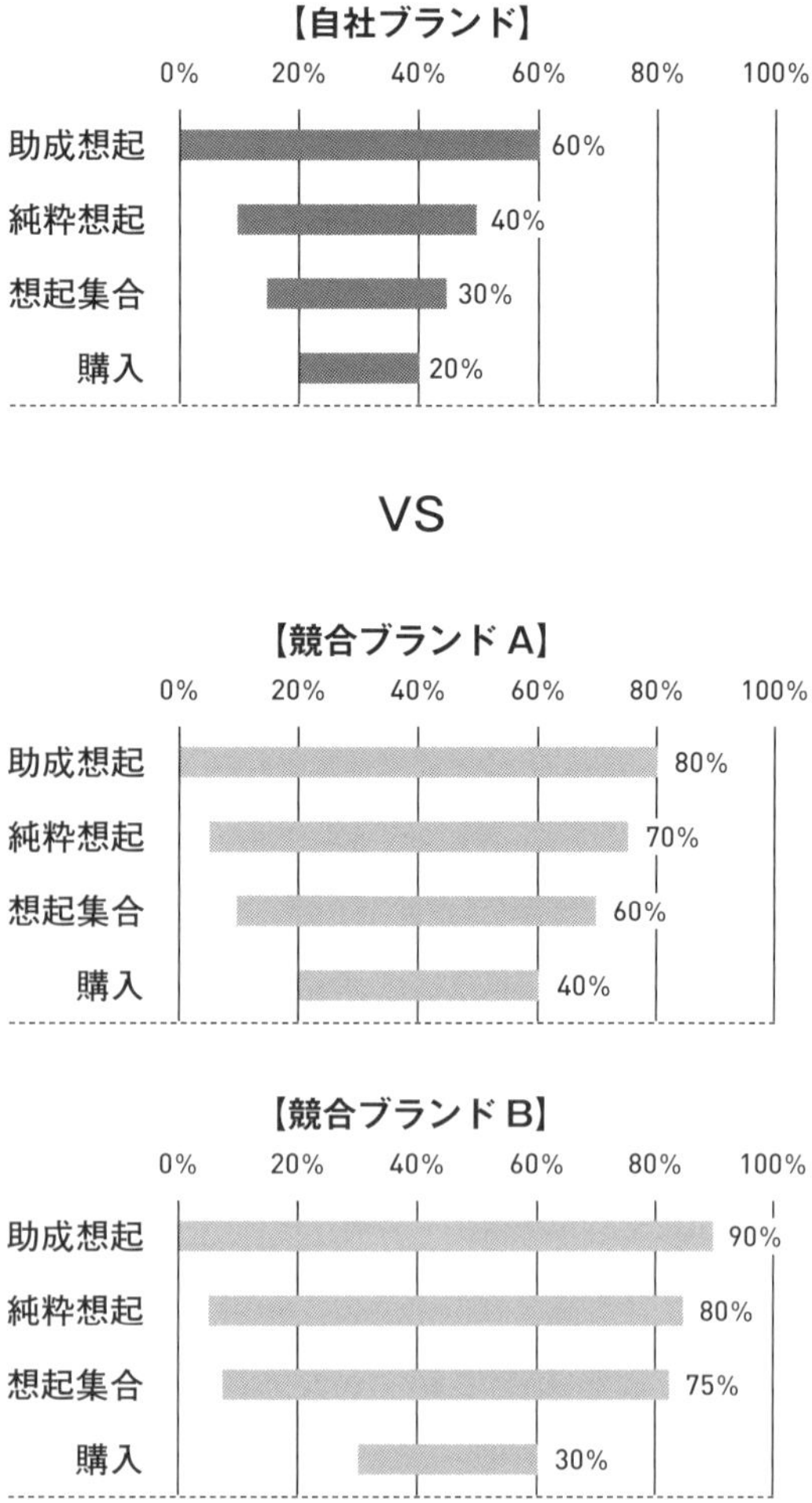

【図表3-3】Brand Awareness Scoreの分析ファネルのアウトプットイメージ（数字はダミー）

時間軸で各ファネルの動きを追いかける

加えて、各ファネルを時間軸で追いかけるアウトプットもおすすめです。

たとえば、2021年の7~9月にテレビCMを打ったとしましょう。この場合、2021年7~9月以降は、テレビCMが効いているか否かを確認するために、助成想起をはじめとする各ファネルのスコアを時系列で追っていくことになります。サンプルとして【図表3－4】を見ると、テレビCMを打った2021年7~9月頃から助成想起はたしかに上がっていますが、それ以外のファネルはそこまで大きく上昇していません。その後も助成想起は維持できていますが、それ以外のファネルは減少傾向にあることがわかります。

このことから、認知の量を上げるというテレビCM出稿の目的は果たせたものの、売上増に繋がるなどそれ以上の効果は得られなかったと判断できます。また、次のアクションとして、純粋想起、想起集合を上げる施策に注力すべきであることなどもわかるでしょう。

このように、時系列で見ていくと、実施しているマーケティング施策の効果の有無

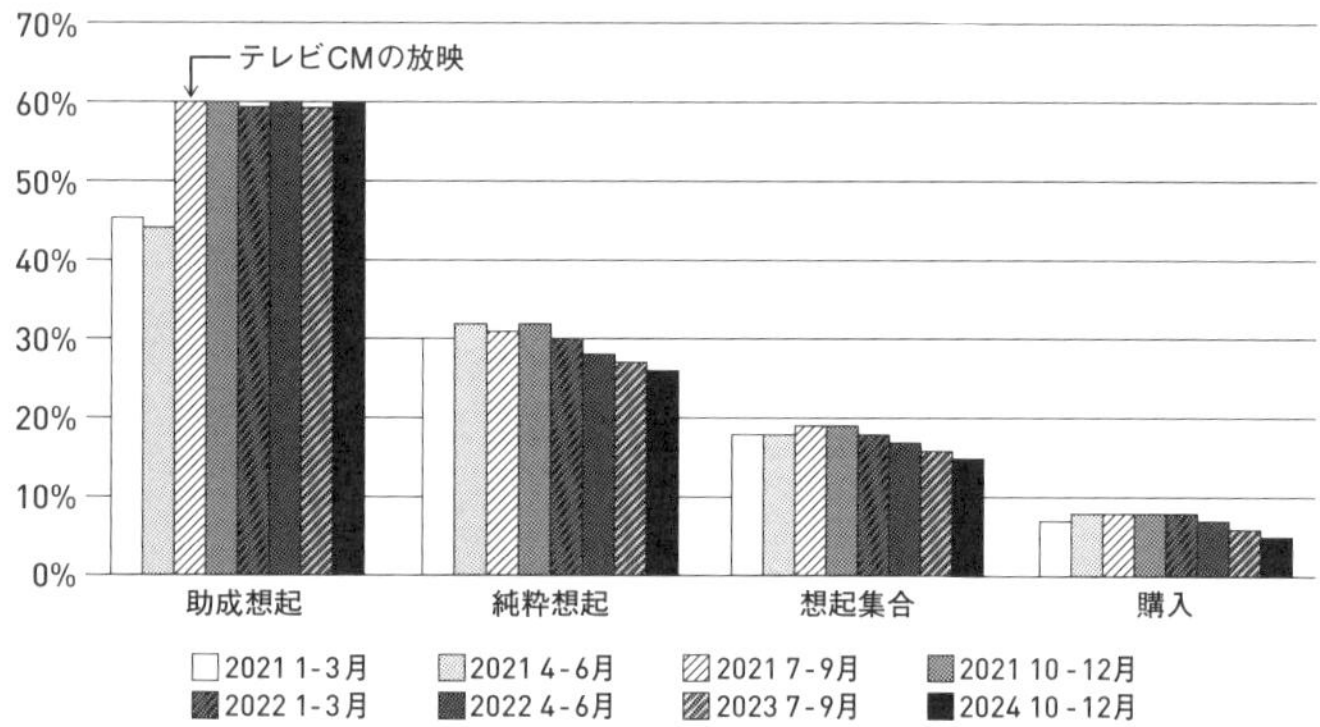

【図表3-4】Brand Awareness Scoreの時系列アウトプットイメージ（数字はダミー）

とファネルの状況を紐づけて把握することができます。ファネルを上から下へ強化していく際に、各施策がきちんと効果があったかどうかを確認するために、こうした検証方法を取り入れてみてください。

なお、施策内容にもよりますが、施策を実行してからファネルに数値として変化が表れるのは、1ヵ月から3ヵ月後と考えるとよいでしょう。

テレビCMやウェブCMなど幅広くリーチを獲得していく認知施策は、短期間ですべての顧客にリーチすることはできず、数週間から数ヵ月をかけてリーチを徐々に伸ばしていくケースもあります。特に認知の質については、ターゲット顧客が一度広告に当たったとしても、数値がいきなり向上することは稀です。様々なチャネルでの広告接触や口コミの拡散などにより徐々に数値が上がっていく傾向にあります。施策を行った直後に計測してしまうと、まだ数値として反応が見えないこともあるので、検証のタイミングには注意が必要です。

また、詳しくは後述しますが、ブランド想起の数値を定点観測すると、メディアプランニングに活用できます。

たとえば、助成想起が高く、純粋想起や想起集合のスコアが低いブランドは、幅広い層のブランド認知を獲得するための広告投資（主にテレビＣＭを中心としたマスプロモーション）を減らし、ブランドにまつわるストーリーや細かい便益、第三者によって製品の良さを伝えられるメディアに広告予算を寄せていくと効果的です。

反対に、助成想起がそもそも低い状況で、購買に繋げるための広告に予算を寄せすぎていると、広告効果の頭打ちを起こす可能性があります。広告効果が頭打ちになっている時は、ターゲットにしているセグメントのサイズが小さい可能性があり、それゆえに助成想起率が低いのだと考えられます。これはマスブランドに限らず、ＥＣを起点にビジネスモデルを構築しているＤ２Ｃブランドや、中小規模のブランドにおいても同様です。

このように、規模の小さいブランドにおいてもまずはブランド名を知ってもらうための広告活動を行うほうが後々効率が良くなるケースもあります。

ブランド想起と並行して見るべき指標

Brand Awareness Scoreを算出する時は、ロイヤルティも並行して測定することをおすすめします。

現代のマーケティングにおいては、購入を最終ゴールにすると、不毛な獲得競争に飲み込まれてしまい、あっという間にマーケティング予算が枯渇してしまいます。あらゆるカテゴリーにおいて選択肢が増え続け、消費者は1日に何百回も広告に晒されていることを考えると、競合ブランドにスイッチされるリスクは常にあり、むしろ日々高まっていると言えます。

ブランド・パワーは、売上をKGIにした時に必要な構成要素を分解する形で体系化したものです。ブランドロイヤルティは、売上よりもより長期的な観点でブランドへの忠誠度の向上を目指す概念ですから、本書ではブランド・パワーを強化する際にロイヤルティの要素は基本的に入ってきません。ただ、より長期的な視点でブランドの成長を目指すためには、ロイヤルティの観点も必要であると考えます。

Brand Awareness Scoreの定点観測に次の4つの項目を追加して、ロイヤルティファネルの分析まで取り組んでみてください。

1. リピート率：Brand Awareness Scoreの購入率に関する設問で「自社ブランドを購入したことがある」と回答した人のうち、2回以上リピート購入している人の割合

【設問例】この中で過去1年以内にリピート購入したブランドはありますか？（複数選択式）

2. 愛着率：リピート顧客のうち、ブランドに対する愛着を持っている人の割合

【設問例】自社ブランドに関して当てはまるものはどれですか？（とても好き〜まったく好きでないの段階評価式）

3. 推奨率：リピート顧客のうち、他者にブランドをおすすめしたいと思う人の割合

【設問例】自社ブランドに関して、当てはまるものはどれですか？（積極的に推奨したい〜まったく推奨したくないの段階評価式）

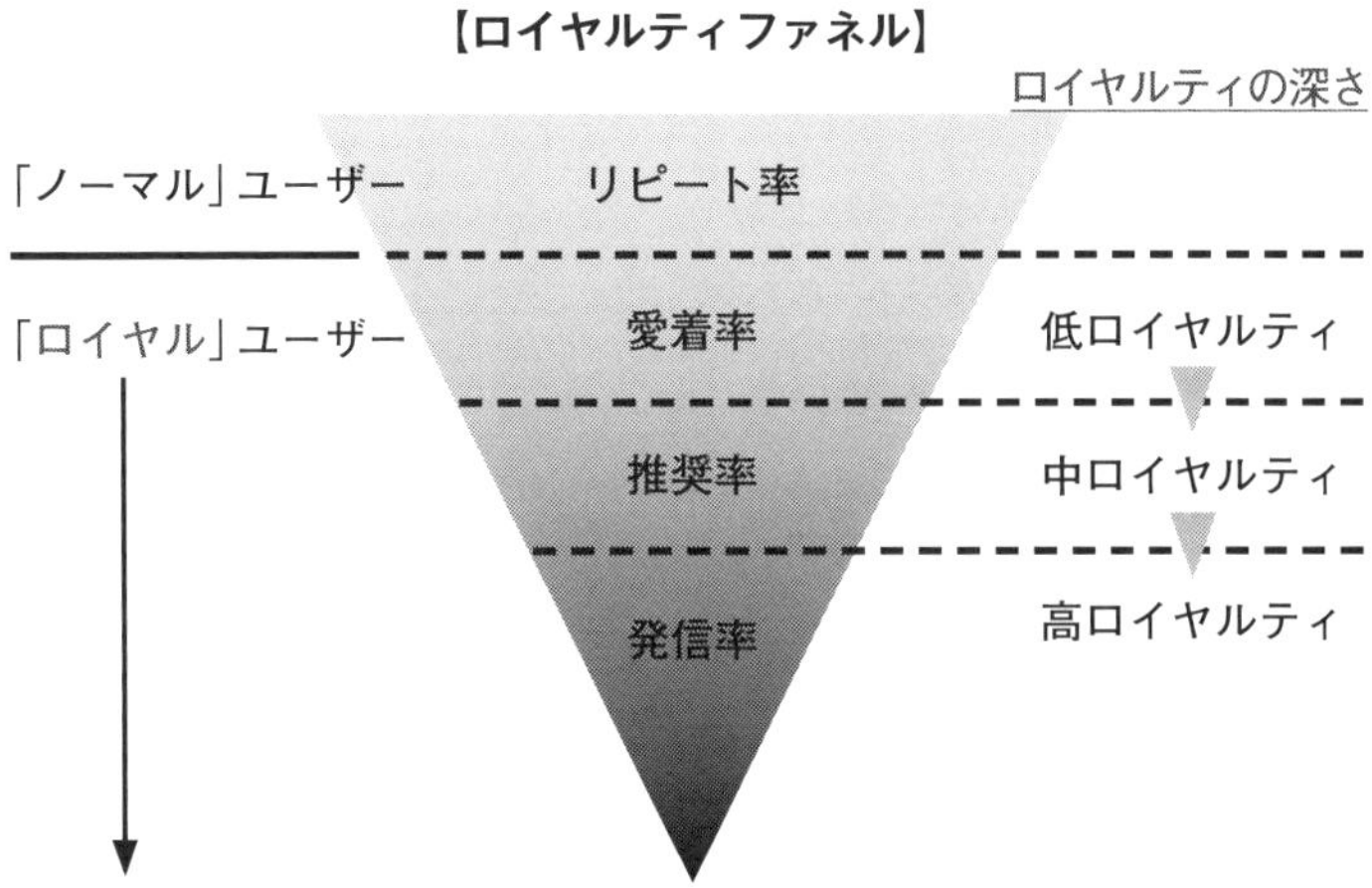

【図表3-5】ロイヤルティファネル

4. 発信率：リピート顧客のうち、不特定多数の相手にブランドについて発信している人の割合

【設問例】自社ブランドに関して、当てはまるものはどれですか？（積極的に発信している～まったく発信していないの段階評価式）

一般的に、リピートユーザー＝ロイヤルユーザーと考えてしまいがちですが、必ずしもそうとは限りません。読者の皆さんにも「何となく何回か購入しているが、特段気に入っているわけでも、愛着があるわけでもない」というようなプロダクトはありませんか？　振り返ってみると、意外とたくさんあるはずです。

たとえば、私は、洗顔料は同じものを使い続けていますが、特別気に入っているわけではなく、ブランドに愛着があるわけでもありません。そのため、偶然目につき気になった洗顔料があれば、なんの迷いもなくそのブランドへスイッチしてしまうと思います。

プロダクトを複数回購入してくれている、サービスを一定期間利用してくれている顧客においても、常に高いスイッチリスクは存在しています。

そこで重要になるのが、ブランドへの「愛着」を測る指標です。説明の必要はないと思いますが、「愛着がある」とはそのブランドを好き・気に入っている状態です。ここまで顧客の育成が進むと、競合ブランドへのスイッチは簡単には起こりません。

洗顔料に愛着を持っていない私と反対に、私の妻はあるスキンケアブランドに強い愛着を持っています。いくら他のブランドをおすすめされたとしても、絶対にスイッチしないと言い切っているほどです。仮に私が競合他社のブランドマネジャーで、彼女のような状態の消費者のスイッチを狙えと言われても、正直まったく自信がありません。

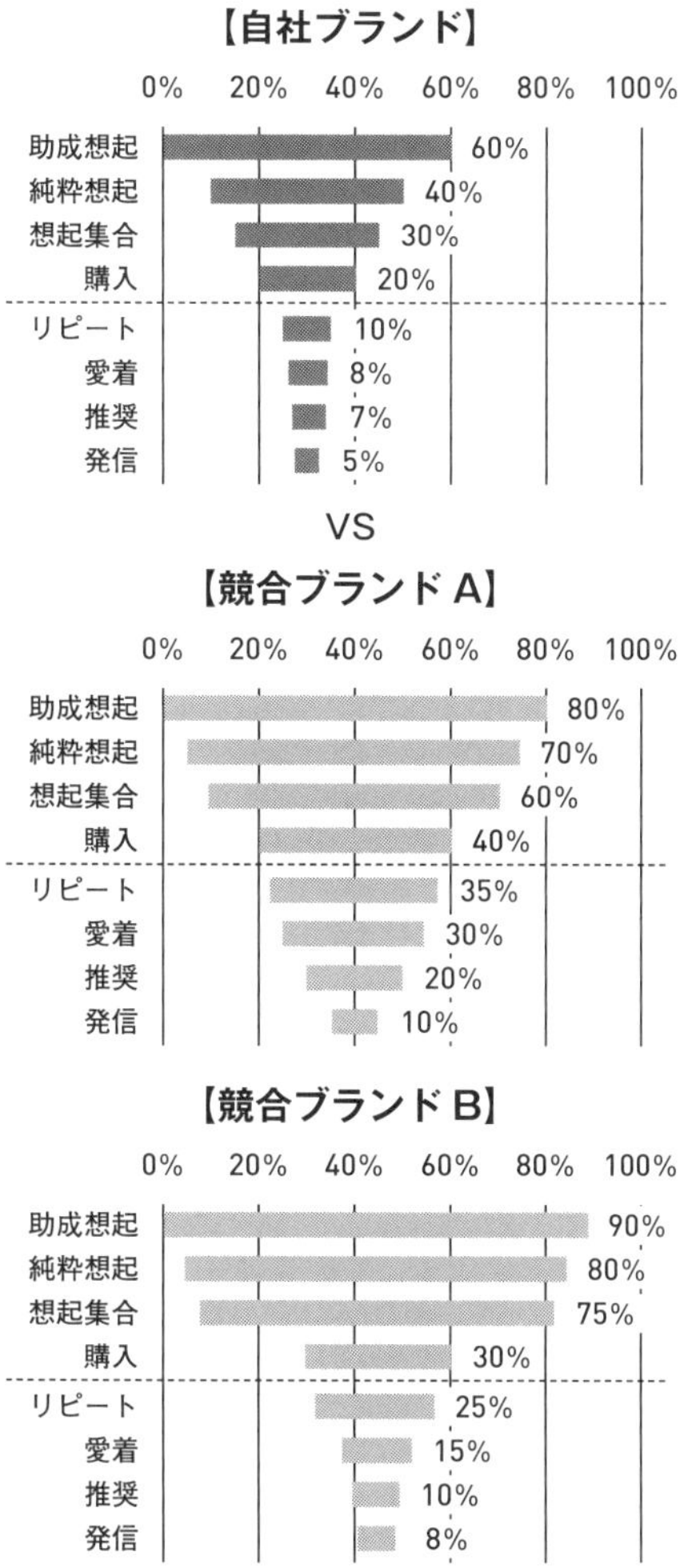

【図表3-6】ロイヤルティも測る時はダブルファネルの形でアウトプットし分析するとよい

極端なたとえではありますが、つまり「愛着」のファネルまでたどり着いて、はじめてその顧客をロイヤルユーザーと呼ぶことができます。

ただ、現代の市場においては「愛着」をゴールにするだけではまだ足りません。ウェブ上で莫大な量の広告に日々触れている消費者は、ブランド発の情報ではなく、自分の信頼できる人からの情報を手掛かりに購入を検討するようになりました。周囲の人のおすすめ＝「推奨」が大きな影響力を持っています。

ロイヤルティがさらに高まると、一部の顧客は周囲に推奨してくれる、つまり自ら発信してくれるようになります。ブランドに愛着があり、推奨してくれ、自ら発信までしてくれる人を増やすことで、ブランドに対する顧客からのロイヤルティの総量が増え、ブランドの長期的な成長の土台が築かれていくのです。

指標が多すぎて気が遠くなるように感じた方もいるかもしれませんが、強いブランドを作るためには、当たり前のようにここまで追っていかなければなりません。

ブランドイメージの状態を可視化する「Brand Image Score」

Brand Image Scoreの算出方法も、数値化するプロセス自体はとてもシンプルです。特別難しい統計学や数学の知識を要するものではありません。

具体的には、当該カテゴリーにおいて想定されるブランドイメージについて、自社および競合ブランドがそのブランドイメージを有しているか否かの定量調査を実施し、自社ブランドがどのブランドイメージをどのくらい獲得できているかを算出していきます。

Brand Image Score調査の項目

まず、Brand Image Scoreを算出するための定量調査を行います。調査では、次の3つの設問を設け、カテゴリーにおいて価値となり得るブランドイメージを複数提示します。

【設問1】当該カテゴリーにおけるPOP：カテゴリーの中でプロダクトを購入する際に重視することは何か？　重要度の高いものを3つ選択してもらう。

【設問2】自社ブランドに対する評価：「自社ブランドと言えば」のイメージで当てはまるものをすべて選択してもらう（複数選択可）。

【設問3】競合ブランドに対する評価：「競合ブランド名と言えば」のイメージで当てはまるものをすべて選択してもらう（複数選択可）。

なお、**設問1～3の項目で設ける選択肢は、自社と競合で変えたりせず、すべて同じものを用います。**設問の提示の仕方についても同様です。

ブランドイメージの定量調査を行う際は、回答者のブランドに対する認識状態をバイアスなく聞き出すために工夫が必要です。調査を設計する時は、次のような点に気をつけましょう。

■選択肢の数は15～20個が理想、多くても30個以内におさめる。選択肢が多すぎると、回答者の考える負荷が大きくなってしまい正確な回答が得られない可能性がある。

■ 選択肢は網羅性を担保するために、情緒的なものと機能的なものに分けて考える。
■ 選択肢が表示される順番によるバイアスをなくすため、回答者が見る調査画面上では順番をランダムに表示させる。
■ 一つの選択肢に二つ以上の意味を込めない。たとえば、香りが良いこととリラックスできることでは意味が違うため、「香りが良くてリラックスできる」という選択肢はNG。「香りが良い」と「リラックスできる」を別々に設定する。

本書では、特典としてBrand Awareness ScoreとBrand Image Scoreを算出する時の調査設計シートのテンプレートをつけています。簡単なものではありますが、Brand Power Analyticsを行うベースとしてはこれで十分だと思いますので、ぜひご活用ください。

【設問例】この中で、スキンケアアイテムを購入する際に重視することは何ですか？　重要度の高いものから、上位3つをお選びください。

1	保湿力がある	□
2	肌への刺激が少ない	□
3	シミケアができる	□
4	香りがいい	□
5	SNSで紹介されている	□
6	ロコミの評価が高い	□
7	パッケージがおしゃれ	□
8	有名人やインフルエンサーがおすすめしている	□
9	無添加である	□
10	美白ケアができる	□
11	エイジングケアができる	□
12	毛穴ケアができる	□
13	キメを整える、細かくする	□
14	肌荒れに効果がある	□
15		□
16		□
17		□
18		□
19		□
20		□
21		□
22		□
23		□
24		□
25		□
26		□
27		□
28		□
29	その他	□
30	あてはまるものはない	□

【図表3-7】スキンケアカテゴリーにおけるPOPを調査する時の例。PODを調査する時もまったく同じ選択肢を提示する

Brand Image Scoreの算出方法

定量調査の結果をもとに、次のような形でＰＯＰとＰＯＤのスコアを算出します。

1．当該カテゴリーにおけるＰＯＰ

回答者全員を母数とし、設問1で各ブランドイメージを選択した人の割合をそれぞれ計算。

【例】調査の回答者が全体で１０００サンプル、「イメージ１」を選んだ人が５００サンプル、「イメージ２」を選んだ人が３００サンプルの場合、イメージ１のスコアは50％、イメージ２のスコアは30％となる。

2．自社ブランドのＰＯＰスコア

回答者全員を母数とし、設問2で、自社が定義しているＰＯＰを選択した人の割合を計算する。

3．自社ブランドのＰＯＤスコア
　回答者全員を母数とし、設問2で、自社が定義しているＰＯＤを選択した人の割合を計算する。

4．競合ブランドのスコア
　回答者全員を母数とし、設問3で各ブランドイメージを選択した人の割合をそれぞれ計算する。

ＰＯＰの決め方

順序が前後しましたが、Brand Image Scoreを算出するにあたっては、ＰＯＰとＰＯＤを定義しなければなりません。定義の仕方には、正解があるわけではなく、企業の事情によって異なります。

まず、ＰＯＰは消費者が特定カテゴリーにおいて「当然必要だと考えている要素」です。これは、ブランド側が決めるものではなく顧客の中で形成されているものですから、**ＰＯＰを定義する際は、ブランド側の意思は関係なく、顧客調査のファクト**

(%)

保湿力がある	86.4
キメを整える、細かくする	82.6
口コミの評価が高い	81.7
肌への刺激が少ない	75.4
天然成分を使用している	72.5
シミケアができる	65.3
香りがいい	50.5
毛穴ケアができる	45.3
エイジングケアができる	42.3
SNSで紹介されている	40.1
皮脂やテカリを抑える	38.4
無添加である	34.1
美白ケアができる	32.5
有名人やインフルエンサーがおすすめしている	30.3
パッケージがおしゃれ	27.5
…	25.3

【図表3-8】

をもとに考えます。

ブランドイメージの調査では、対象カテゴリーにおいて優先順位の高いもの3つを選択肢の中から選んでもらっています。基本的には、ここで上位3つに選ばれたものをPOPとして定めます。

たとえば、調査の結果、設問1で【図表3－8】のような数値が出た場合、上位3つの「保湿力がある」「キメを整える、細かくする」「口コミの評価が高い」をPOPとして定義します。

補足として、**カテゴリーによっては、新商品の発売や大々的なプロモーションなど競合の動きによってPOPが変化します。**

一例として、数年前まで洗顔料のカテゴ

リーでは「洗浄力」が重視されていましたが、美容液成分配合の洗顔料などの誕生により「洗浄力＋うるおい」まで満たされることが今は常識になっています。定期的に調査し、ＰＯＰに変化が起きていないかを注視するようにしましょう。

ＰＯＰを定義する時の注意点

ＰＯＰを定義する際、注意すべきは、定量調査を行うターゲット顧客のセグメントです。

自社ブランドの顧客は基本的にＳＴＰ分析によって、戦略設計の段階である程度絞られているはずです。**ＰＯＰを算出する時は、そのセグメントに対して定量調査を行う**ようにしてください。

なぜなら、たとえばスキンケアのカテゴリーにおいても、20代のＰＯＰと40代のＰＯＰが異なることは容易に想像できます。20代なら「肌荒れを予防してくれる」ことがスキンケア用品の最低条件になるかもしれませんし、40代なら「エイジングケアをしてくれる」ことが必須条件であるかもしれません。また、普段ドラッグストアのマスブランドを購入している層と百貨店で高価格帯のブランドを購入している層でもＰＯＰは大きく異なります。

ＰＯＰの差異は、ユーザーによって求める便益の優先順位が異なることに起因しており、自社ブランドのターゲット顧客におけるＰＯＰを正しく把握しておくことは、プロダクトの開発やポジショニング戦略の工程においても非常に重要です。

一方、あらゆる顧客をターゲットにするマスブランドであれば、調査の対象者を細かく限定する必要はありません。限定しないことにより、幅広い顧客のＰＯＰを捉えて、最大公約数を狙いにいくという考え方もあり得ます。

ＰＯＤの決め方

次にＰＯＤは、ブランド・パワーの調査を実施する前に決める（決まっている）パターンと、Brand Power Analyticsの結果をもとに決めるパターンがあります。

1．ＰＯＤが既に決まっている場合

比較的規模の大きい企業のブランドの場合、ブランドの発足時点でＰＯＤ＝差別化ポイントが決まっていたり、これまでの活動の中で既に定められたりしていることのほうが多いでしょう。または、ブランド担当者やマーケティング担当者が戦略策定時にＰＯＤを定めているケースもあります。

この場合は、既に定義されているＰＯＤに沿って調査・分析を行っていくことになります。

2．既存顧客の声を基に決める場合

自社ブランドの良さは、今使ってくれている既存顧客（特にロイヤル顧客）が一番よく知っているはずです。ですので、既存顧客にインタビューをして「なぜ自社ブランドを使ってくれているのか」「どこを気に入っているのか」などをヒアリングする方法もあります。それを整理することで、自社の強み＝ＰＯＤが明確になります。重要なのは、ブランド担当者の仮説だけでＰＯＤを決めないことです。また、既存顧客へのインタビューからＰＯＤを絞り切れない時は、Brand Image Scoreをベースに定量的な分析を踏まえてＰＯＤを定義します。

3．Brand Image Scoreの結果をもとに決めるパターン

(%)

	順位	スコア	自社ブランド	競合ブランドA	競合ブランドB	競合ブランドC
保湿力がある	1	86.4	83.1	84.3	84.3	73.4
キメを整える、細かくする	2	82.6	84.3	82.6	55.8	83.1
口コミの評価が高い	3	81.7	81.1	78.3	85.1	82.5
肌への刺激が少ない	4	75.4	40.1	40.1	90.4	55.8
天然成分を使用している	5	72.5	20.1	22.5	40.1	44.3
シミケアができる	6	65.3	22.5	85.2	20.1	55.8
香りがいい	7	50.5	10.3	22.5	44.3	22.5
毛穴ケアができる	8	45.3	22.5	40.1	74.1	55.8
エイジングケアができる	9	42.3	44.3	9.4	22.5	55.8
SNSで紹介されている	10	40.1	9.4	22.5	22.5	22.5
皮脂やテカリを抑える	11	38.4	55.8	55.8	55.8	82.4
無添加である	12	34.1	50.1	40.1	10.3	12.5
美白ケアができる	13	32.5	55.8	9.4	22.5	26.4
有名人やインフルエンサーがおすすめしている	14	30.3	8.1	9.4	10.3	11.2
パッケージがおしゃれ	15	27.5	26.4	40.1	12.5	18.1
…	16	25.3	12.5	21.5	11.4	22.3

【図表3-9】自社および競合ブランドのBrand Image Score算出イメージ

現時点で明確なPODが決まっていない、あるいは考えられるものが複数あり迷っている場合は、Brand Image ScoreをもとにPODを決めていきます。基本的な考え方としては、自社と競合のブランドイメージの状況を踏まえて、効率よく伸ばせそうなもの、かつ優先度の高いものをPODに設定すると良いです。具体的には、次のようなポイントに着目して、獲得すべきPODを定めていきます。

■既に競合ブランドが圧倒的に強いPODは何か

■自社も含め、まだどのブランドも獲れていないPODはあるか

■獲得できる可能性のあるPODのうち、

顧客の中で最も優先度が高いＰＯＤはどれか

たとえば、Brand Image Scoreが【図表３－９】のような結果だったとします。このチャートから、まず「肌への刺激が少ない」「シミケアができる」「毛穴ケアができる」「皮脂やテカリを抑える」の項目は、競合ブランドがＰＯＤとして既に強いイメージを確立していることがわかります。

一方、「天然成分を使用している」「香りがいい」については、まだどのブランドも強いイメージを確立しておらず、このＰＯＤは獲得できる可能性があります。このうち、「天然成分を使用している」は5番目に挙がるほど顧客の中で重要度が高いため、戦略としてはこれをＰＯＤに設定するのが良いという考え方になります。

加えて、**ＰＯＤはポジショニングと関連性が高く、ポジショニングを考える時にも有効**です。競合を含めて客観的にブランドイメージを数値化し、自社ブランドが取り得るポジショニングを逆算しながら考えることができます。特に、新しいブランドを立ち上げる時や、既にローンチしているブランドにおいても、差別化に向けた戦略を改めて見直す時に有効です。リブランディング時にもぜひ活用してみてください。

なお、ＰＯＤを定義する時も、ＰＯＰ算出時と同様に自社ブランドのターゲット顧客を対象にした調査から導き出すようにします。特にＰＯＤに関しては、セグメントによって関心を持つ要素が大きく異なることが多々あるため、より慎重に分析を行う必要があります。

Brand Image Scoreで自社と競合の差異を見つけ出す

Brand Image Scoreは、【図表3－10】のような分析チャートにしてアウトプットするのがおすすめです。分析チャートを見る時は、まずは全体像として、次のポイントを必ず押さえるようにします。

1．自社のBrand Image Scoreを分析する時

■自社ブランドが、ＰＯＰをしっかり押さえられているか

■自社ブランドの強いイメージは何か

■自社ブランドの弱いイメージは何か

2．競合ブランドのBrand Image Scoreを分析する時

■競合ブランドの強いイメージは何か

■競合ブランドの弱いイメージは何か

(%)

スキンケアブランドAのケース	順位	スコア	自社ブランド	競合ブランドA	競合ブランドB	競合ブランドC	
保湿力がある	1	86.4	83.1	84.3	84.3	73.4	POP
キメを整える、細かくする	2	82.6	84.3	82.6	55.8	83.1	POP
口コミの評価が高い	3	81.7	81.1	78.3	85.1	82.5	POP
肌への刺激が少ない	4	75.4	40.1	40.1	90.4	55.8	
天然成分を使用している	5	72.5	20.1	22.5	40.1	44.3	
シミケアができる	6	65.3	22.5	85.2	20.1	55.8	
香りがいい	7	50.5	10.3	22.5	44.3	22.5	
毛穴ケアができる	8	45.3	22.5	40.1	74.1	55.8	
エイジングケアができる	9	42.3	44.3	9.4	22.5	55.8	POD
無添加である	10	40.1	9.4	22.5	22.5	22.5	POD
皮脂やテカリを抑える	11	38.4	55.8	55.8	55.8	82.4	POD
サステナビリティに配慮している	12	34.1	50.1	40.1	10.3	12.5	POD
美白ケアができる	13	32.5	55.8	9.4	22.5	26.4	POD
有名人やインフルエンサーがおすすめしている	14	30.3	8.1	9.4	10.3	11.2	
パッケージがおしゃれ	15	27.5	26.4	40.1	12.5	18.1	
…	16	25.3	12.5	21.5	11.4	22.3	

【図表3-10】Brand Image Scoreのアウトプットイメージ

■自社ブランドがPODに設定しているイメージのスコアはどうか

3．2回目以降の調査で前回調査と比較して分析する時

■各イメージスコアがどのように変化しているか

Brand Image Scoreについては、POPとPODの数値を定点観測することももちろん重要ですが、なぜそのような数値になっているのかについて分析し、考察を立てることのほうが大事です。たとえば、POPが弱い場合は、パッケージ上でPOPを伝えられていないのか、LP(ランディングページ)や広告の内容に問題があるのか、POP以外

のイメージが強すぎるためにＰＯＰのイメージを弱めてしまっているのか、など様々な考察が立てられます。

この考察を行う時に、競合の数値は非常に参考になります。Brand Image Scoreを観測する時は、競合ブランド2〜3社分のスコアも出すようにしてください。ブランドイメージは、パッケージを含むProduct／Price／Place／Promotionなど、ブランドと顧客の間にあるあらゆる接点で形成されていきます。自社が弱く、競合は強く獲れているブランドイメージがある場合、まずは自社と競合との差異を4Ｐの観点で見直してみると良いでしょう。4Ｐを起点に、何が原因で自社と競合のブランドイメージに差が生まれているのかの仮説を立てていきます。

なお、優先順位は下がりますが、ＰＯＰとＰＯＤに定義していない項目についても、並行して調査・分析しておくと新しい発見を得られることがあります。定量調査では、【図表3－10】にあるようにＰＯＰとＰＯＤ以外の項目のスコアも分析できるようにしておくとよいでしょう。

というのも、意図せずして、特定のブランドイメージが下がったり上がったりすることはよくあります。広告を含むＰＲ活動の外で、第三者が自らブランドに関する発信を行ったことで、思わぬブランドイメージのスコアに変動が起こることもありますし、競合ブランドが特定のブランドイメージを獲得するために大きな広告予算を投じた時には、その項目が相対的に下がることもあります。

まずは、自社ブランドが定義しているPOPとPODをていねいに分析しつつ、自社が意図していないところでブランドに生じた変化もしっかり把握できるよう、ブランドイメージは一定数の項目を提示して数値をトラッキングしておくことが重要です。ただし、Brand Image Score算出時の注意点で述べた通り、調査対象者の負担を減らすために、選択肢は最大30、理想としては15～20個におさめるようにします。

四半期に一度はブランド・パワーでブランドの定期診断を

ここまで、ブランド想起とブランドイメージ、それぞれの数値の算出方法と分析の仕方を解説してきました。ここで改めて、両者をあわせたブランド・パワーとして、6つの指標をどう運用していくのかについて説明したいと思います。

ブランド・パワーの分析で出した数値は、【図表3－11】のようなグラフにまとめて定期的に観測していくことをおすすめしています。観測する際には、認知の量と質、ブランドイメージにかかわる各項目を追っていきます。ブランド・パワーを構成する6つのスコアを合算して、「ブランド・パワー＝○○」と1つの数字を出すことも理論上は不可能ではないのですが、その数字にはあまり意味がないと考えています。というのも、ブランドの状態を可視化し、そこから仮説やアクションプランを導き出すには、結局、総体的なスコアとしてのブランド・パワーを分解して分析していくことになるからです。

			2022 第2四半期	2022 第3四半期	2022 第4四半期	2023 第1四半期	2023 第2四半期
売上							
ブランドパワー	ブランド想起	助成想起					
		純粋想起					
		想起集合					
		購入率					
	ブランドイメージ	POP					
		POD					
製品の見つけやすさ・買いやすさ	オフライン	配荷店舗数					
		店頭ディスプレイ率					
		定番棚占有率					
	オンライン	ブランド上位表示率					
		広告運用指標（CPAなど）					

【図表3-11】ブランド・パワーのトラッキングシート

近いイメージで説明すると、ブランド・パワーはブランドの健康診断になるような指標です。理由はわからないけど体調が悪い時、皆さん病院に行って体調不良の原因を調べてもらうと思います。健康診断の結果、総合評価が「Cです」と言われたら、何が原因でCになっているのかが気になるはずです。ブランディングにおいてもまさにこれと同じイメージです。ブランドの調子が良いのか悪いのかは、KGIである売上の増減を見れば明らかですから、その原因を分析するためにブランド・パワーを活用します。

売上分解のロジックツリーを前提に、各スコアと売上との連動を分析するよう意識してみてください。

なお、製品の見つけやすさ・買いやすさ（フィジカルアベイラビリティ）のKPIについては、各社、各ブランドで必要な指標が大きく異なります。B2B企業の場合は、商談後の成約率なども指標に入ってくるでしょう。【図表3-11】内にある指標はあくまで参考とし、営業と連携しながらこのグラフを使ってみると良いと思います。

また、四半期ごとの定点観測ではこのグラフと売上との連動が見えてこない場合、半期／年間といったより長期スパンの数値で見てみると傾向が掴めると思います。

			2021	2022	前年比
売上			500百万円	450百万円	↘
ブランドパワー	ブランド想起	助成想起	90	91	→
		純粋想起	70	70	→
		想起集合	40	30	↘
		購入率	10	7	↘
	ブランドイメージ	POP	25	15	↘
		POD	20	10	→
製品の見つけやすさ・買いやすさ	オフライン	配荷店舗数	12,000店	13,000店	↗
		店頭ディスプレイ率	40%	45%	↗
		展開スペース	90cm	90cm	→
	オンライン	ブランド上位表示率	トップ10	トップ10	→
		広告運用指標（CPAなど）	CPA 6,000円	CPA 6,000円	→

【図表3-12】ブランド・パワーのトラッキングシート分析例

たとえば、2021年と2022年の1年間で数値を算出した時、【図表3－12】のようなアウトプットになったとします。それぞれ見ていくと、まず売上は前年比を下回っており、フィジカルアベイラビリティについては大きな問題がないように見えます。ブランド・パワーを見ると、助成想起や純粋想起には変動がありませんが、想起集合のスコアが大きく下がっていることがわかります。POPとPODも弱くなっているようです。

売上が下がっている要因のひとつにブランドの弱体化が関わっていることは一目瞭然です。「なんとなくブランディングがうまくいっていない」といった推論ではなく、どこに問題があるかが、ブランド・パワーとフィジカルアベイラビリティをあわせて定点観測することでわかるようになります。

【図表3－12】はわかりやすく伝えるために年間比で出していますが、四半期ごとに見ていくと、売上とマーケティング施策、ブランド・パワーの連動をより具体的に掴むことが可能です。四半期ごとに定点観測する際は、前四半期に対してスコアがどう変わっているか（例：2022年第2四半期 vs 2022年第3四半期）と、前年の同四半期に対してスコアがどう変わっているか（例：2021年第2四半期 vs 2022年第2四半期）という具合に、切り口を分けて分析してみると、色々な傾向が見えてくるのでおすすめです。

ブランド・パワーを測る時の調査方法

本章の最後に、Brand Power Analyticsの調査を実施するにあたって押さえておくべきポイントを補足として加えておきます。

調査方法について

まず、Brand Power Analyticsで顧客に調査を実施する時は、オンラインの定量調査を用います。こちらは一般的なマーケティングリサーチでも用いられる主流の調査手法ですので、インテージやマクロミルのようなフルサポートの調査会社に依頼しても良いと思います。特段難しい調査でもありませんので、調査設計や集計・分析に慣れている場合は、セルフ型の調査プラットフォームを利用するのも手です。

次に、Brand Awareness ScoreとBrand Image Scoreをともにトラッキングしてい

くには、一定の量のサンプルサイズ（アンケートの回答数）が必要です。許容誤差を5％程度に抑えるべく、**調査の必要サンプルサイズは最低でも400サンプル以上とするのがひとつの目安**です。

ただし、最終的なサンプルサイズを決定する際には、分析する時のセグメント設計も考慮する必要があります。

たとえば、20～40代の女性にアンケート調査を実施し、ブランド・パワーの分析を行う時、「20～40代女性」を一つのセグメントとして分析を行うのか、「10代女性」「20代女性」「30代女性」とセグメントを区切った分析も行いたいのかで必要なサンプルサイズが変わってきます。前者の場合は20～40代女性で400サンプル回収すれば良いですが、後者の場合は各セグメントで400サンプル、合計1200サンプルを回収することをおすすめします。

継続的な実施が重要

Brand Power Analyticsの一番の目的は、数値をもとに投資判断をすることです。投資判断は、当たり前ですが、結果を検証するところまでがセットです。継続的に

Brand Power Analyticsを実施し、想定通りに投資した結果が出ているのか、改善が必要なのかを確認することが大事になるため、顧客に調査を実施する時は、人的リソースやマーケティング予算も踏まえて継続的に行える形にすべきです。

調査を実施する頻度は、四半期に1回を推奨しています。店頭の棚やプロモーションスペースが完全に入れ替わるのは大体3ヵ月に1回のスパンですし、オンライン広告の訴求内容も同じくらいのペースで変わるため、売上と紐づけて施策の結果を振り返りやすいからです。

他にも、スポットで大きなプロモーションを実施する場合は、プロモーションの実施前後で調査を行い、プロモーションが想定通りにブランド・パワーに影響したかを確認することも可能です。

4章

ブランド・パワーを高めるには

ターゲットを絞ることを恐れない

ここまでブランド・パワーの定義やスコアリング、分析方法について説明してきました。ブランド・パワーと売上が相関していることについても理解してもらえたかと思います。

次の疑問は、その重要なブランド・パワーをいかに強化するかです。

本章では、ブランド・パワーを、日々のマーケティング活動に活かす時の考え方を説明します。最初に強調して伝えておきたいのは、ターゲットを絞る＝自社ブランドにとっての適正市場を定めることの重要性です。

2章で説明したとおり、本書におけるブランド・パワーとは、インターブランドやカンターがレポートしているブランドランキングのように、世の中のあらゆるブランドを包括的な視点で見ながら価値評価を行うものとは異なります。規模の小さいブランドであっても、顧客がいる以上は、顧客からのブランドに対する評価があるわけで、ブランド・パワーはその評価を見ていくものです。言わば、顧客起点のブランディング指標と理解していただくとよいかもしれません。

ブランドというと、誰もが知るような大手ブランドを思い浮かべてしまいますし、「有名ブランドにしなければいけない」など、どうしてもマス思考になってしまいがちです。セグメントを定義し、ターゲットを絞ることに抵抗を覚える方もやはりいるかもしれません。

しかし、**セグメントを限定せず、市場全体で最大公約数を上げていくようなブランディングは、途方もなく時間とコストがかかります。**M&Aなどの飛び道具を使わない限り、自社ブランドの売上規模を急拡大させることは不可能であり、どんなブランドも既存顧客と向き合い、現在の適正市場から少しずつ規模を拡大させていくほかありません。

たとえば、私は兵庫県の出身なのですが、兵庫県の住民と東京都の住民とでは「阪神タイガース」のブランド想起もブランドイメージもスコアは大きく異なると思われます。ワインを日常的に飲む人においては「ロマネ・コンティ」のブランド・パワーは非常に強いでしょうが、お酒を飲まない人においては助成想起すら低いかもしれません。ですが、阪神タイガースが東京都民に対して、ロマネ・コンティがお酒を飲まない人に対してブランディングコミュニケーションを行ったとして、売上にプラスの影響がどれだけあるでしょうか。当たり前のことを言うようですが、ブランディングは顧客を対象に行わなければなりません。さもなければ、売上と利益に繋がりにくい不必要な投資を行い、ブランドも顧客も誰も得をしない状況になってしまいます。

少し極端な例を示しましたが、もう少し説明すると、あるパーソナルトレーニングジムのブランド・パワーを上げていきたいと考えた時、「20代」「都内在住」「年収〇〇円以上」「直近1年間はまったく運動をしていない」「とにかく短期間で痩せたい」といったデモグラフィックからカテゴリーにおける現状まで、複数の分類軸からターゲット顧客を設定したとします。

このようにセグメントを絞っていくと、当然ターゲット顧客の人数は全体のパイに対して小さくなります。ですが、まずはこのターゲット顧客に対するブランド・パワーの強化に集中するのです。20代で都内在住がターゲットなら、必然的にメディアプランをそこに寄せていく必要がありますし、直近は運動していなかったが短期間で痩せたい人に対して響くようなブランド作りも必要です。

パイが少ないことを心配しすぎる必要はありません。そのセグメントで十分な顧客とブランド・パワーを獲得できた時に、少しずつパイを広げていけばよいのです。特定のセグメントを狙ったブランディングであったとしても、そのセグメント以外の顧客を獲得できる可能性も多いにあります。

特に新興ブランドにとって、キャズムを超えていくことは重要ですが、まずは自社が獲りたいターゲットをしっかり定義して、その中でのブランド・パワーの最大化を目指すようにしてください。**最初からマス発想で、最大公約数を獲りにいくようなブランディングで成功している例は非常に稀であり、再現性がありません。**

ブランド想起とブランドイメージは補完関係にある

次に、ブランド・パワーの分析から仮説を導き出す際に知っておきたいのは、**ブランド想起とブランドイメージは相関関係にある**ということです。より正確に言うと、ブランド想起の質を高めるために、ブランドイメージがあります。要は、〝補完関係〟です。ブランドイメージを強くすると、ブランド想起をより効率的に上げていくことができます。

なんのイメージもない無機質なプロダクトやサービスでも、何度も名前を聞くと認知はされます。ただし、購入を検討するプロセスに進んでもらうには、ブランド想起の質を上げるとともに、ブランドのイメージを顧客に持ってもらう必要があります。

つまり、認知を第一の起点とし、最終ゴールの購買まで進めるには、ブランド想起の質を高めることと、ブランドイメージを強化することに両輪で取り組む必要があり

「ブランド想起」は購買における究極のゴールであり、「ブランドイメージ」はブランド想起を高めるために重要な要素となる。どちらか一方を強めるのではなく、両軸で強化していくことで相乗効果が期待できる。

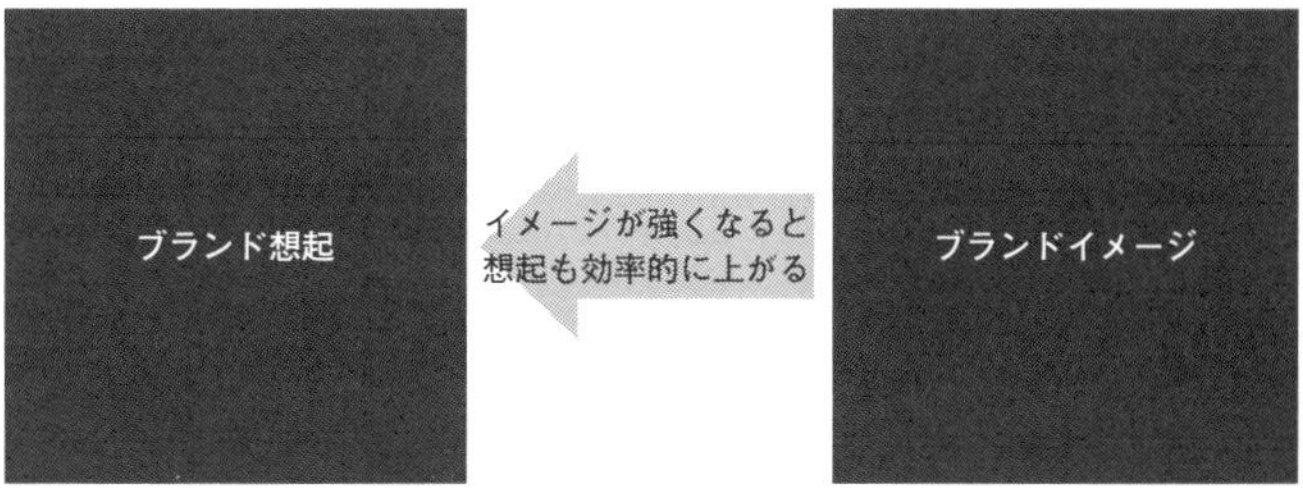

【図表4-1】ブランド想起とブランドイメージの補完関係

ます。

ブランド・パワーを分析する時は、ブランド想起とブランドイメージをそれぞれ見ていきますが、どちらか片方では成り立ちません。この相互関係を頭に入れた上で、必ずセットで調査から分析までを行うようにしてください。

ブランド・パワーとメディアプランニング

ブランド・パワーを高めていく時の基本的な考え方として、Brand Awareness Scoreは「どのメディアで」「誰に」「何を言うか」のメディア戦略に、Brand Image Scoreは「ブランドとしてターゲット顧客に何を伝えるか」のブランドコミュニケーション戦略に活用します。ブランド想起とブランドイメージについて説明したとおり、両者は補完関係にあり、共に強化していくことで相乗効果が期待できます。

Brand Awarenessの数値化による最大の恩恵は、競合を含め自社ブランドのファネルの状況をクリアに可視化し、理解できることです。これにより、自社ブランドにとって可能性のある・効率性の良い・課題のあるファネルがわかり、それをメディア投資の優先順位づけ＝メディアプランニングに用いることができます。

Brand Awareness Scoreの分析ファネルで自社ブランドのボトルネックを可視化し、そこを強化する施策に投資を優先させると、売上に対する費用対効果を改善できる可

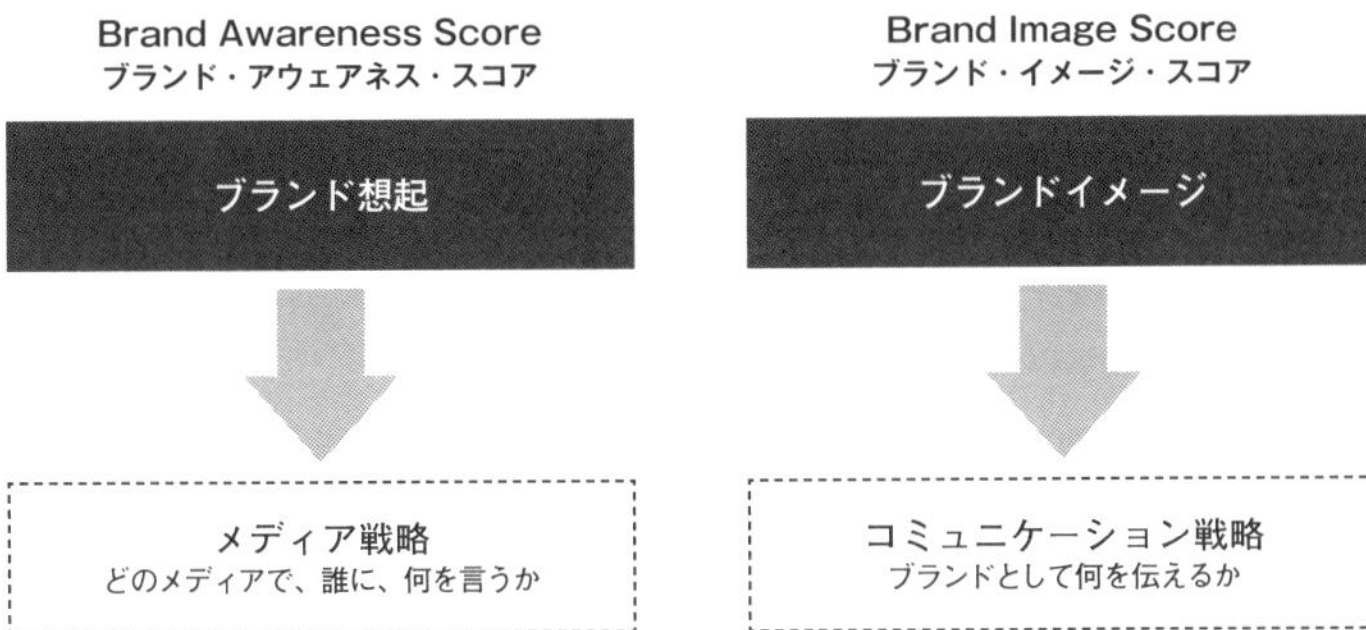

【図表4-2】Brand Awareness ScoreとBrand Image Scoreの活かし方

能性が高くなります。当たり前のことを言っているようですが、特に施策の効果を認知の“量”でしか測っていない企業では、効果的なメディアプランニングができていないケースがよくあります。

実際に、大手ブランドに多いパターンとして、認知ファネルの数値が十分高いにもかかわらず、認知に対する投資が大半を占めていて、比較検討や購買の最後の一押しをするメディアプランへの予算が十分ではないことがあります。

また、マスプロモーションからデジタルプロモーションへ予算をシフトさせていても、投資先のメディアが変わっているだけで、対象のファネルは変わっていないケースも散見されます。

たとえば、テレビＣＭとまったく同じ動画をYouTube広告で流すことは、一部のリーチを広げる意味では一定の効果がありますが、基本的にはいずれも認知ファネルに対するアプローチです。テレビとYouTubeの両方にCMを放映すること自体はまったく問題ないのですが、マーケターや広告代理店の担当者が目的をしっかり理解した上でプランニングの意思決定をしているかが問われるところです。

重要なのは、どのファネルに効かせるための施策なのかを把握した上で広告活動を行うこと。そして、広告結果とBrand Awareness Score、売上を数字で確認して、ファネルがどのように動いたのか、なぜ売上が上がった／下がったのか、売上を増加させるためにどうすればよいのかを検証し、次の意思決定に繋げていくことだと考えます。

量か質かで、メディアプランニングの考え方は変わる

この十数年の間で、急速にメディアの多様化・分散化が進んでいます。テレビCMや新聞ラジオをはじめとするマス広告に、ディスプレイ広告やSNS広告、リスティング広告といったデジタル広告が加わっただけでなく、コネクテッドテレビ広告やデジタルOOHなど旧オフライン媒体のデジタル化、音声広告市場の拡大もあ

りますし、数年前までメジャーでなかったタクシー広告も現在ではＢ２Ｂ企業が広告を投下するメインチャネルのひとつになっています。直近では、トイレ広告も急速に普及し始めているようです。

このように多様化が進むメディアを効率的に活用するために気を付けるべきは、媒体ごとに得意な領域と不得意な領域があるということです。

たとえば、もっともわかりやすい例を挙げると、１人当たりのリーチ単価が安いマスマーケティングは、認知の量、つまり助成想起を獲得しにいく時に効果的な手法です。テレビＣＭが届かないとも言われていますが、認知の量を獲るにはやはりテレビＣＭが最も効率の良いメディアだと考えます。一方で、そこでリーチできるのはブランドに興味関心のない層が大半なので、テレビＣＭで認知の質を上げ、ブランドイメージを醸成していくのは難しいと考えられます。このように、どのメディアにもコインの裏表のように一長一短があります。

認知の量が足りていない時は、認知を獲得するのに適した媒体を選択し、ブランド名とＰＯＰを前面に押し出し、かつ各媒体に最適化したクリエイティブを用いるという基本に忠実になるべきです。

反対に、認知の質を上げていく時には、顧客ターゲットに合わせた統合的なメディアプランが必要です。単一のメディアだけでなく、ファネルの状況に合わせて、複数のメディアを組み合わせて、繰り返し接触することで認知の質を上げていくことになります。ただし、統合的なメディアプランを組む時に、注意しなければならないことが二つあります。

一つは、カスタマージャーニーに沿ってプランニングすることを優先し、投資するメディアが過度に分散してしまわないようにすることです。大量の広告予算があるメガブランドでない限り、カスタマージャーニー上にある各メディアに広告を出すのは得策とは言えません。一つのメディアにかけられる費用が分散してしまうからです。そもそも、プランニングで描いた通りに広告に触れる顧客のほうが少ないと考えるべきです。認知から購買までのファネルすべてを強化するより、自社のファネルの状況を把握して強化するファネルを定めた上で、効果が高いであろうメディアに対して予算を重点的に割くことをおすすめします。

二つ目は、その重点的に予算をかけるメディアで、必ず複数の接触を確保することです。1人のユーザーに同じメディアで接触する回数のことを、フリークエンシーと呼びますが、このフリークエンシーを適切に設定することは広告の費用対効果を高めることに直結します。

たとえば、YouTubeで動画広告を配信する場合、対象顧客が1回のフリークエンシーでその広告を認識し、覚えてくれることはまずありません。動画広告の質にもよるので一概には言えませんが、私の経験上、最低でも3～5回の接触がないと広告を認識してくれることはないとみてよいと思います。何%の人に接触するかというリーチ率で費用対効果を見るケースもありますが、フリークエンシーも同時に見ることが大切です。リーチしたとしても、顧客の記憶に残っていなければ、まったく意味がないからです。

まとめると、Brand Awareness Scoreを上げるには、まずは自社のファネルの状況を把握して、どのファネルを、どのようなメディアで強化するかをプランニングします。直近6ヵ月は助成想起を高めることを優先し、その後の6ヵ月は純粋想起を意識したメディアにシフトしていくといった具合に計画することをおすすめします。

一気にあらゆるファネルを強化することは不可能です。注力するファネルに対して、最適なメディアに予算を重点的に置いていきましょう。

ブランド想起のＫＰＩと目標値の設定

ブランド想起に関しては、立ち上げ初期のブランドから市場の中堅ブランドまで、ほとんどのブランドが何かしらの課題を抱えています。

特に立ち上げ初期は、どんなブランドもまずはターゲット顧客に知ってもらうことから始まりますから、助成想起率を重要ＫＰＩとし、認知の量を獲得することに注力しましょう。

中堅ブランドや市場で2〜3番手にいるブランドにおいては、ある程度認知の量が獲れた上で、純粋想起が低かったり、エボークトセットに入らなかったりといった課題を持っていると思います。主要競合ブランドと比較し、助成想起から純粋想起への遷移を大きく落としてしまっている場合は、コミュニケーションがそもそも不足しているか、ブランド理解を深める施策に課題があるケースが多いです。純粋想起率と想起集合残留率を重要ＫＰＩに設定し、メディアプランを見直してみてください。

助成想起率ないし純粋想起率、想起集合残留率をKPIとした上で、ベンチマークとする競合ブランドと同等のスコアを目標値とするのか、カテゴリーの平均値を狙うのかなどで悩まれるかもしれませんが、この目標値は自由に設定してよいと思います。

ただ、一つだけ気を付けていただきたいのは、SMACに則った目標値になっているかという点です。マーケティングに従事している方にとっては既知の概念であると思いますが、SMACはKPIと目標設定のポイントをしっかり押さえており、非常に有用だと考えています。

SMACとは次の4つの単語の頭文字をとった俗語です。目標値を設定する時には、この4つを意識してみてください。

■Specific：具体的である
■Measurable：測定可能である
■Achievable：達成可能である
■Consistent：一貫性がある

たとえば、助成想起率をＫＰＩに設定する時、「今よりもっと多くの人にブランドを知ってもらう」など抽象的な目標を掲げるのではなく、「助成認知率を1年後に20％獲得する」というように具体的に設定するようにします。この20％という数値も、Achievableの観点から、現在持っている人的リソースと今後投下する予定の広告予算額などの経済的リソースを鑑みた上で、現実的に達成できるラインなのかを確認することが必須です。

ブランド・パワーとコミュニケーション戦略

ブランド想起とブランドイメージは補完関係にあり、ブランドイメージはブランド想起の質を高める役割を果たす、と説明しました。

つまり、ブランドイメージを高める目的は、ブランド想起の質を高めることにあります。言い換えると、ＰＯＰとＰＯＤのスコアを高めること自体が目的なのではなく、ＰＯＰとＰＯＤの強化によってブランド認知の質を高めることが目的であり、最終的にはファネルを動かし、購買に繋げることがゴールとなります。

よって、Brand Image Scoreを高める時は、その目的（＝ブランド想起の質をどう上げたいのか）を明確にし、Brand Awareness Scoreとセットで検証するようにします。

これを前提とした上で、ブランドコミュニケーションでは、必要最低限の要素であるＰＯＰと差別化ポイントであるＰＯＤをバランス良く伝えることが肝となります。

コミュニケーションの中で、ＰＯＰとＰＯＤがどちらかに偏りすぎると、顧客に興味を持ってもらう可能性を下げてしまうので注意が必要です。基本的には、コミュニケーションにおけるＰＯＰとＰＯＤの役割を次のように考えます。

■ＰＯＰ＝ブランドとカテゴリーを紐づけて認識させる。いずれのファネルを強化する時にも、ＰＯＰは必ずコミュニケーションに入れるべきだが、とりわけ助成想起と純粋想起のファネルを強化する時には、ブランド名とあわせてＰＯＰを訴求することが重要となる。

■ＰＯＤ＝他社ブランドとの差別性を認識させ、「このブランドのプロダクトやサービスは自分のためにあるものだ。自分にぴったりだ」と自分ごと化させる。特に、想起集合のファネルを強化する時に、キーメッセージとしてＰＯＤを用いると効果的である。

ブランドイメージは、ブランドに対して顧客が持つ様々なイメージ（パーセプション）の集合体であり、ブランドが発信するコミュニケーションによって形成されます。コミュニケーション戦略では、ブランドのメッセージや価値観、ストーリー、プロダクトやサービスに関する情報をテキストとビジュアルとの複合により、いかに効果的に伝えるか考え、その方法やアプローチの策定に繋げます。

ブランドイメージを上げるコミュニケーション戦略について考える時は、次の5つのステップを踏むと良いです。

1．POPとPODを盛り込んだ1枚のコンセプトから始める

まずは、自社ブランドの現状のコミュニケーションを1枚のコンセプトボードにまとめることから始めます。そのコンセプトボードに、POPとPODが盛り込まれていない場合は、両方を盛り込んだコンセプトボードを作成することから始めましょう。

コンセプトボードで整理するのは、顧客の深層心理でのニーズを示す「インサイト」、ブランドやプロダクトがもたらす価値を伝える「ベネフィット」、そしてそのベネフィットの裏付けとなる「RTB(Reason to Believe)*」の3点です。レイアウトは

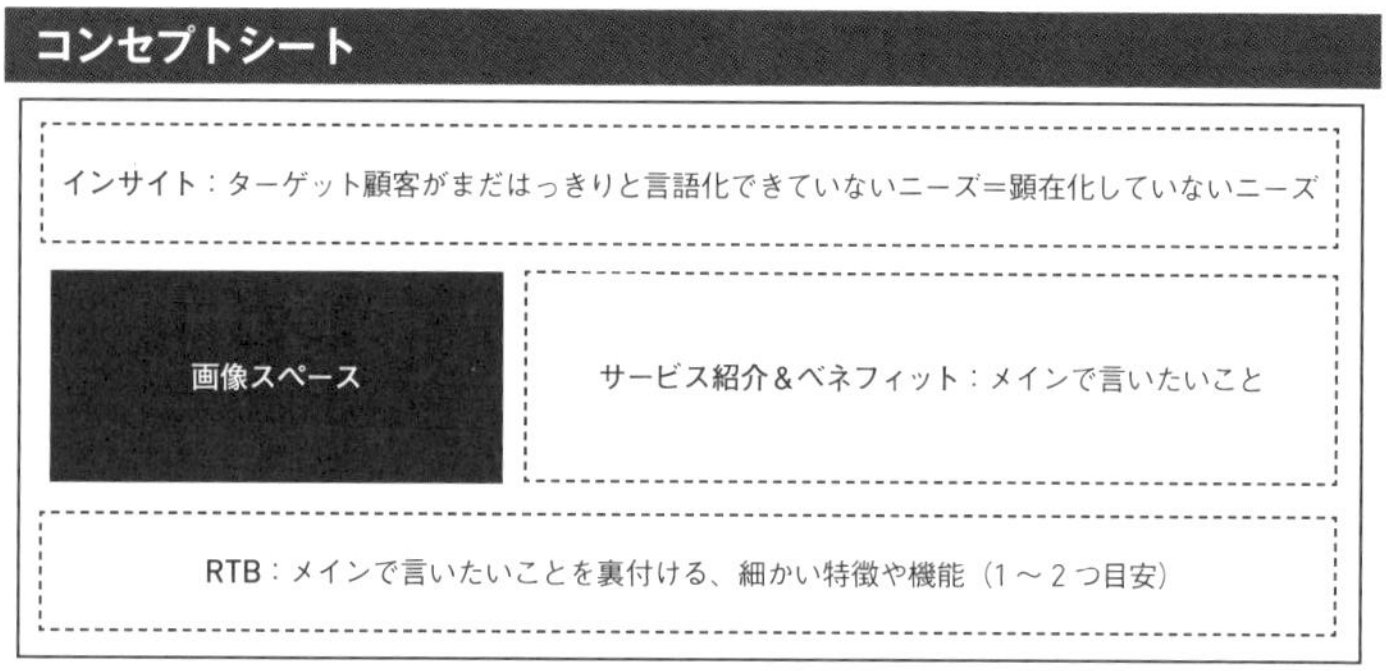

コンセプトシート
インサイト：ターゲット顧客がまだはっきりと言語化できていないニーズ＝顕在化していないニーズ
画像スペース
サービス紹介＆ベネフィット：メインで言いたいこと
RTB：メインで言いたいことを裏付ける、細かい特徴や機能（1～2つ目安）

【図表4-3】コンセプトボードのイメージ

【図表4－3】のようにごくシンプルなもので構いません。

話が逸れますが、コンセプトを1枚にまとめるというのは、実は、マーケティングスキルの有無がかなり問われる工程です。ユニリーバでは、良いコンセプトが書けるかどうかで一流のマーケターであるかどうかを判断されることがあるほどで、右脳と左脳のバランスが試される工程でもあります。

このコンセプトが書けないことには、コミュニケーションで何を伝えるべきかが整理されません。マーケティング、営業、製品開発部門、パートナーシップを組んでいる広告代理店など、ブランディングにかかわるすべてのステークホルダーにブランドの「WHO／WHAT」を正しく伝えるためにも、コ

＊ RTB：Reason to Believeの略。そのブランドや商品を信頼するに足る理由や根拠、訴求のこと。

ンセプトをシンプルに定義することは非常に重要なのです。

マーケティング戦略を構築し、コンセプトを導き出すまでの工程も後の章で解説しています。何となくの仮説でコンセプトを書いてしまっている方は、ぜひ基本の段階を踏んで、確度の高いコンセプトを作るためのステップを実践してみてください。

2．メッセージと連動したビジュアル

コンセプトボードが整理できたら、そこにビジュアルを加えます。

テキストとビジュアルに、一貫性があるでしょうか？　たとえば、スキンケアブランドが「うるおい」と「自然派成分」をＰＯＰもしくはＰＯＤとして訴求する場合、ビジュアルを見て、その両方のイメージが想起されるようになっていなければなりません。

顧客は、ブランドが発信する情報を細かくは見てくれません。テキストとビジュアルを見て、一瞬でブランドイメージを認識します。よって、テキストで伝えたいことをビジュアルに連動させることは絶対条件です。

プロダクトの撮影をする時も、このコンセプトボードをもとに行う必要がありま

す。撮影が完了してからコンセプトワードを考えたり、キービジュアルのレイアウトを考えたりするブランドがありますが、これは本来避けるべきです。メッセージと連動させたビジュアルのイメージをしっかり練った後に撮影に進み、キービジュアルを完成させていく流れを推奨します。

3.簡潔にわかりやすく

繰り返しになりますが、皆さんが思っている以上に、顧客はブランドの発信に耳を傾けてくれません。動画でも静止画でも広告に情報を詰め込みすぎるのは悪手です。とにかく簡潔に、誰が見ても意味がわかるようなコミュニケーションを心がけてください。

過去にＬＵＸが発売したトリートメントで、「瞬間密着」をキャッチコピーに訴求し、大ヒットした商品がありました。トリートメントは、髪にトリートメント成分を浸透させるために、塗布してからしばらく時間をおかなければいけないというイメージがあると思います。そこに着目し、髪に密着するためすぐに洗い流しても効果が出るという商品特徴を「瞬間密着」の４文字で訴求したわけです。

非常に簡潔でわかりやすいため顧客も一瞬で認識できますし、たった4文字なので、店頭でも大きく目立つ訴求をすることができました。普通にこの商品の特徴を表すと「髪にすぐ密着。洗い流すまで待たなくてOK!」などになるかもしれません。伝える情報は同じでも、短くキャッチーに表現することで目を引き記憶に残りやすくすることができます。

コミュニケーションを作る時は、いかに短く、わかりやすく、シンプルに凝縮できるかを意識してみてください。

4. 説得力と信頼性

コミュニケーション戦略の優先順位として、1〜3よりは順位が下がりますが、RTBも重要な項目です。

POPにしても、PODにしても、その便益やイメージを裏付ける根拠が必要です。「うるおい」を訴求する際には、それをもたらす配合成分を伝えたり、実際に商品を使用してうるおいを実感した人がたくさんいることを伝えたり（例：○○％の人が実感！）、専門家による権威付けなども方法としてあると思います。

ブランドイメージを育てていく際には、裏付けとなる根拠をあわせて訴求すると、説得力が増し、ブランドに対する信頼性も向上していきます。

5.一貫したコミュニケーション

基本的に、ＰＯＰもＰＯＤも頻繁に変更するものではありません。ＰＯＰについては、当該カテゴリーにおける必須項目なので、数年で大きく変わることはないでしょう。ＰＯＤについても、リブランディングをしない限りは、基本的に変更すべきではありません。

ブランドイメージは、ブランド想起のファネルと同様に、一気に形成・強化されることはなく、コミュニケーションを繰り返していくことで少しずつ形成されていきます。伝える内容が毎回コロコロ変わってしまうと、せっかく醸成されているブランドイメージを崩しかねない、もしくは忘却されかねないため、一貫したコミュニケーションを継続的に行う必要があります。

たとえば、マクドナルドの月見バーガーは、その訴求内容が変更されることはほとんどありません。季節と連動した強いイメージを醸成し、継続的にユーザーを増やしています。

マーケターとしては、プロダクトの様々な魅力を色々な角度で伝えたり、毎回異なる訴求を行って新鮮さを出したくなったりするものですが、そもそも顧客は以前の訴求を鮮明には覚えていません。繰り返し一貫したコミュニケーションを行うことで、ブランドイメージを確立させることが重要です。

5章

状況別ケースワーク

ケース1：ブランド認知が弱く、キャズムを越えられない

Brand Power Analyticsを用いてブランドの状態を可視化できたら、定点観測の結果を短期から中長期のアクションに落とし込んでいきます。基本的なポイントは4章で解説しましたが、ブランド・パワーの状況によって取るべきアクションは異なります。本章では、考えられる主なケースを挙げ、具体的なアクションプランについて解説していきたいと思います。

ケース1の対象は、一定規模の売上は獲得できているものの、一部の消費者からの支持に留まっており、キャズムを越えられない状態にある小規模〜中規模のブランドです。狙ったターゲットにおいて高いブランドイメージを構築し、購買を獲得できていますが、そもそも獲得できているセグメントのボリュームが小さく、そこからのスケールができていない状況です。

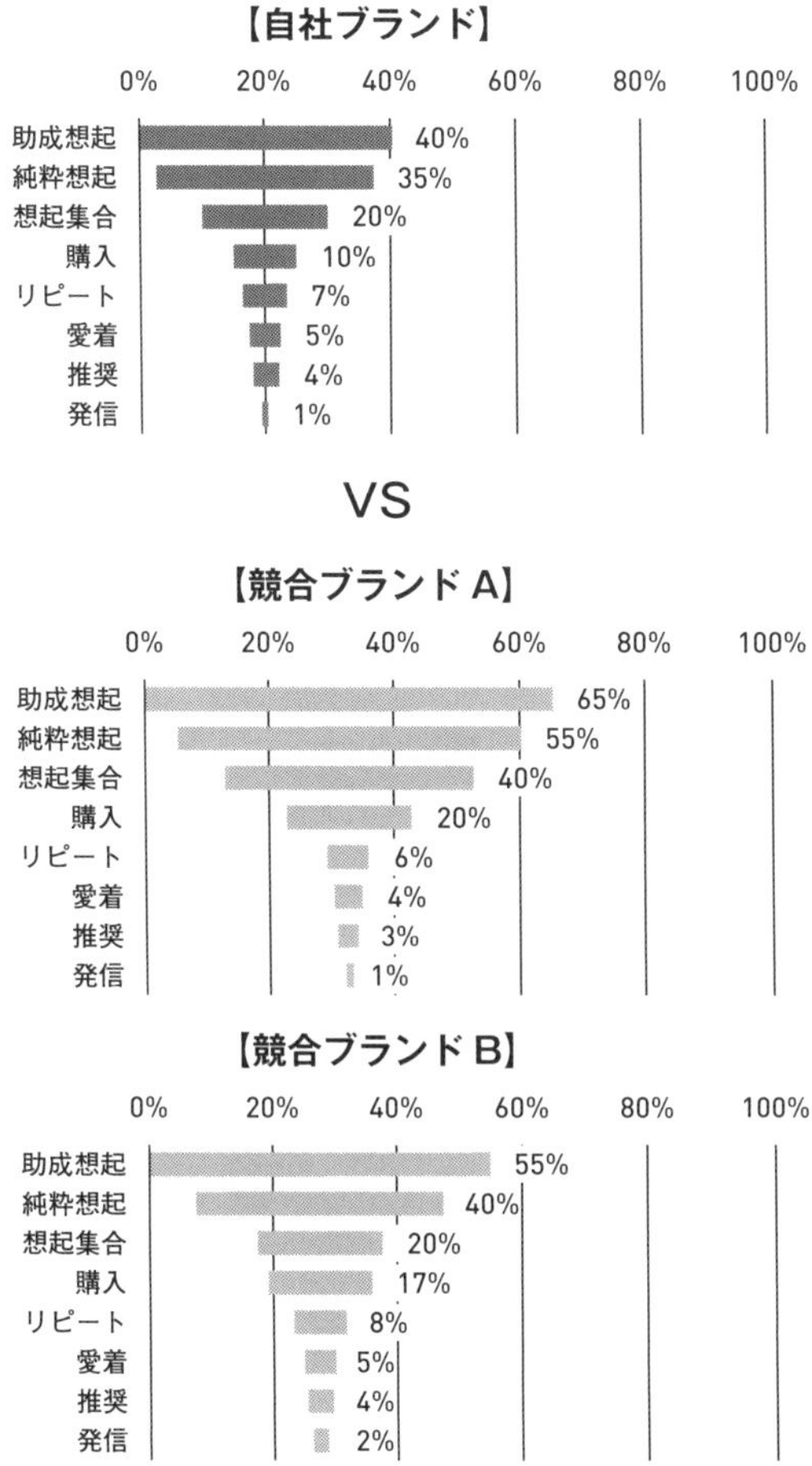

【図表5-1】新興のシャンプーブランドを想定したサンプルファネル／ファネルのバランスはよく、リピート～発信までの割合は競合よりも高い。一方で、助成想起が競合ブランドと比較して大幅に低い。つまり、ロイヤルティは高いがキャズムを越えられていない状況と分析できる。

ブランドの具体例

■新興ブランド全般。特に、インフルエンサーの発信やSNS上のバズをきっかけに売れるようになったコスメやスキンケア、ヘアケアなどビューティ系の商材を持つブランドに多い。

■B2Bのスタートアップ。特に、SaaS型のサービスを提供しているブランドで、特定界隈では評判は高いが、まだ一部の業界にしか知られていないような企業。

■通販モデルで成長してきたブランド。既存顧客の強いロイヤルティを有するが、顧客の年齢層が高い傾向にあり、売上が縮小しやすい。

アクション① ブランド名の認知を獲得する

このケースは、まず助成想起（認知の量）を獲得していくことにより、売上を拡大できる可能性が高いです。

助成想起が低い時には、ブランド名を認識してもらうことを重視すべきなのですが、商品の機能的価値ばかりを伝えたり、ブランドストーリーを前面に押し出したりしている結果、ブランドの名前が伝わっていないということはよくあります。このケースに当てはまるブランドは、とにかくブランド名の認知を獲得するための施策に集中することをおすすめします。

たとえば、テレビCMやウェブCMなど、15秒、長くても30秒の動画の中で、ブランドの名前から便益まですべてを伝えきるのは至難の業です。よく、ブランド名が耳に残りやすいテレビCMを見かけると思いますが、これは助成想起を上げることを最優先にした手法と言えます。助成想起が低い状態から、まずは「聞いたことある、見たことある」状態に持っていくことが重要です。

動画広告に限らず、デジタルバナーや店頭の販促ポップなどにも同様のことが言えます。美しいパッケージ、秀逸なキャッチコピー、著名人を起用したポップなどがあっても、助成想起が低い状態では効果は見込めないでしょう。助成想起が低い段階では、ポップなどの販促物においてもブランド名を伝えることを第一に考えるべきです。

驚くような話ですが、顧客インタビューをしていると、自分が使っている商品のブランド名を答えられない方が一定数います。ブランド名は答えられたとしても、シリーズ名やプロダクトの名前を答えられる人は、本当に少ないです。それくらい、顧客はブランドやプロダクトの名前に意外と無頓着です。早い段階から何度も何度もブランド名を伝え、刷り込ませていかなければなりません。

ちなみに、英語表記のブランドについては、カタカナ表記を添えることをおすすめします。英語表記を正しく読むことは日本人にとっては難しく、そもそもスペルを正しく覚える人はごく少数でしょう。

デザイン性は落ちるかもしれませんが、ブランドが十分に認知されるまでは、美しい世界観やデザイン性よりもブランド名を覚えてもらうことを優先すべきです。

アクション② 既存顧客の層とは異なるターゲット顧客に施策を当てる

各プロモーションの施策は、必ず新規顧客の層に向けるようにしてください。インフルエンサー関連の施策で多いのが、高い効果が出た施策を勝ちパターンとして繰り返し実行していたら、どんどん効果が弱くなっていったというケースです。

これは、競合ブランドが追随し同様のプロモーションを始めたことで競争優位性が落ちている可能性も考えられますが、根本的な原因は、同じ顧客に何度も接触しているがゆえに、少しずつ効果が弱まっていることにあると思われます。

アクション③　まずはＰＯＰを伝える

このケースにあるブランドは、まだブランドの差別性を訴求するフェーズにはないと考えます。現状の売上は一部のコアファンや特定セグメントに支えられているものです。今行うべきアクションは、ターゲットを適正なサイズまで広げ、そこでの助成想起を獲っていくことにやはり終始します。

これからブランドの認知を獲得していこうとする時、ブランドを初めて見る顧客に伝えるべきは、ＰＯＰです。カテゴリーにおいて最低限あるべきＰＯＰが満たされていることは、購入の選択肢に入れてもらうための必須条件です。ブランドの助成想起を獲得しにいく時は、ブランド名と同時にＰＯＰをしっかり押さえるようにすると良いでしょう。

多くのマーケティングやブランディングの指南書では、「差別化」されたコンセプトの重要性が語られています。それも決して間違っていないのですが、差別性を押し出すタイミングとバランスを誤らないよう注意が必要です。

この段階でＰＯＤを意識しすぎて差別化ポイントを押し出してしまうと、そのカテゴリーにおいて重要なＰＯＰの要素が欠けているブランドに見えてしまい、最初のトライアルが発生しづらい状況に陥る可能性があります。

ケース2：ブランドは確立されているが、この数年売上が落ちてきている

ケース2はブランドの歴史が長く、長年マスマーケティングへ投資してきたことで助成想起と純粋想起は確立されているものの、購入の選択肢に入るタイミングで数字が下がってしまうというケースです。これは、競争の激しいカテゴリーにおける老舗ブランドに多く見られます。ブランド・パワーの分析結果で言うと、助成想起と純粋想起はともに非常に高いけれど、想起集合より先のファネルが一気に細くなっており、想起集合に入っていないケースです。

ブランドの具体例

■シャンプーやお菓子、飲料などの巨大市場において、過去にはカテゴリー内で高いシェアを獲得していたけれど、この数年で少しずつ売上が下がってきているブランド。

■比較的歴史のある大手アパレルブランド（マスマーケティングへの投資の有無は問わない）。新規ブランドが乱立するアパレル業界においては、成長し続けられるブランドのほうが少ない。

■外食産業市場など、企業規模に関係なく市場への参入障壁が高くないカテゴリーにいる老舗ブランド。

■ウェブ上に旅行予約サービスが多数登場したことにより競争環境が厳しくなっている日本の大手旅行代理店もこのケースに当てはまる。テクノロジーの進化や時代の変化にともない同様の状況に置かれているブランドは多い。

アクション① 助成想起と純粋想起を維持する

このケースでまず重要なのは、助成想起と純粋想起はこれまでに培ってきた資産であると考え、これらの数値を落とさないようにすることです。

具体的には、マスマーケティングを中心にリーチ効率が良いメディアに継続的に投資をし、認知を維持するようにします。特に、新製品や期間限定の製品などブランドの中でも特定のシリーズをプロモーションする時には、しっかりと親ブランドのロゴやブランド名を伝えることを意識してください。「アサヒスーパードライ」「ラックススーパーリッチ」など、視覚的にも聴覚的にも記憶に残りやすい表現を継続することで、認知を維持することができます。

なお、この広告活動はあくまで、認知を「維持」するためのものであり、「拡大」することが目的ではありません。一定の認知率を持ったブランドが、さらに認知率を上げようとする施策は、費用対効果が良くないことのほうが多いです。認知率を10%

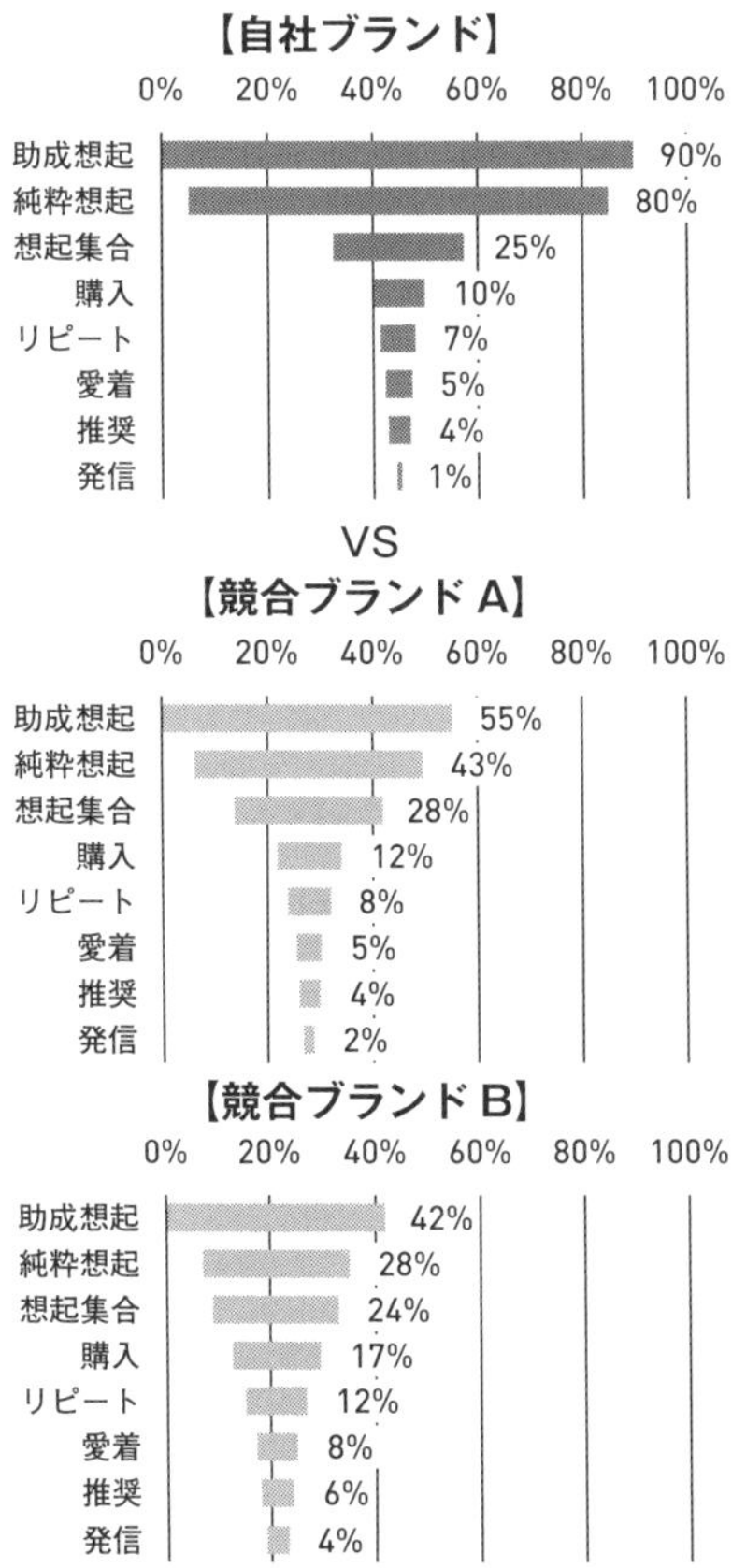

【図表5-2】老舗のお菓子ブランドを想定したサンプルファネル／助成想起は90%、純粋想起も80%と認知の量は十分だが、純粋想起から想起集合へのファネルでスコアが一気に落ちている。競合と比較しても想起集合に入る割合が低いため、自社ブランドを購入する理由が認識されていないと考えられる。

から30％にするのと、70％から90％にするのとでは、同じ20％の増加でもかかる費用は大きく異なります。

消費者カテゴリーへの関与度、ブランドの歴史の長さ、クリエイティブの質で千差万別ですが、一般的に広告は2〜3ヵ月で顧客から忘れられてしまいます。今日見た広告は、3ヵ月後にはほとんど覚えられていないということです。

したがって、企業は、忘却されることを前提に、広告を出稿し続ける必要があります。多くの企業がテレビＣＭを放映し続けているのは、認知を確立するためではなく、見込み顧客にブランドを忘れさせず、購買の選択肢に入り続けるためなのです。

アクション② 興味関心の度合を高める

このケースで売上を上げるためには、純粋想起から想起集合への移行率を高める必要があります。この移行を起こすのは難易度が高く、15秒や30秒のテレビＣＭやデジタル広告のような一方通行のメッセージだとスルーされてしまう可能性が高いです。「1回買ってみようかな」と思ってもらうために、何かしらのきっかけが必要になります。

興味関心のあるブランドの中から、実際に購入したいと思ってもらうには、自分向けのプロダクトであることを認識させるとともに、他社ブランドとは差別化された価値（ＰＯＤ）を伝えることが求められます。

プロダクトの便益をしっかり伝えたり、ブランドストーリーを伝えたりするのも良いですし、第三者からの発信も想起集合へ誘導する強い一手になります。既に認知している顧客に、より興味・関心を持ってもらえるようなコミュニケーションを意識してください。

アクション③　ＰＯＤを訴求し差別化を図る

例外はあり得ますが、基本的に、認知度が高く一定の売上を持っているブランドのＰＯＰが一気に下がることは稀です。

このケースで想起の質が高まらないのは、ＰＯＤが顧客にきちんと伝わっていないためだと考えられます。ＰＯＤをしっかり訴求し、ブランド価値の差別化を図ると良いでしょう。

マーケターが想像している以上に、顧客はブランドに興味がありません。自社では、明確にＰＯＤを訴求しているつもりでも、伝わっていないケースはよくあります。改めて自社のＰＯＤを見直して、それをコミュニケーションで強調するだけで、興味関心の度合い（純粋想起率）が上がることも珍しくありません。

ケース3：新規事業や新シリーズが上手くいかない

ケース3は助成想起は獲れているものの、純粋想起が獲得できていないケースです。多くないケースではありますが、ある特定のブランドが新規カテゴリーに参入したり、新規事業を始めたりする場合にしばしば起こります。B2Bの企業に多いことも特徴です。

会社名やブランド名は認知されているけれども、特定のカテゴリーとの結びつきが弱いパターンで、たとえば次のようなケースが当てはまります。

■ビジネス領域を拡大あるいは転換しようとしているB2B企業。たとえば、広告代理事業に特化していたが、近年DX関連のコンサルティング事業も強化していきたいと考えているような企業（なお、現状、DX支援のカテゴリーでは想起されない）。

■ブランドのポートフォリオ内に強弱の偏りがあるブランド。たとえば、ビューティ領域全般でプロダクトを展開しているが、ヘアケアのイメージしかなくそれ以外の

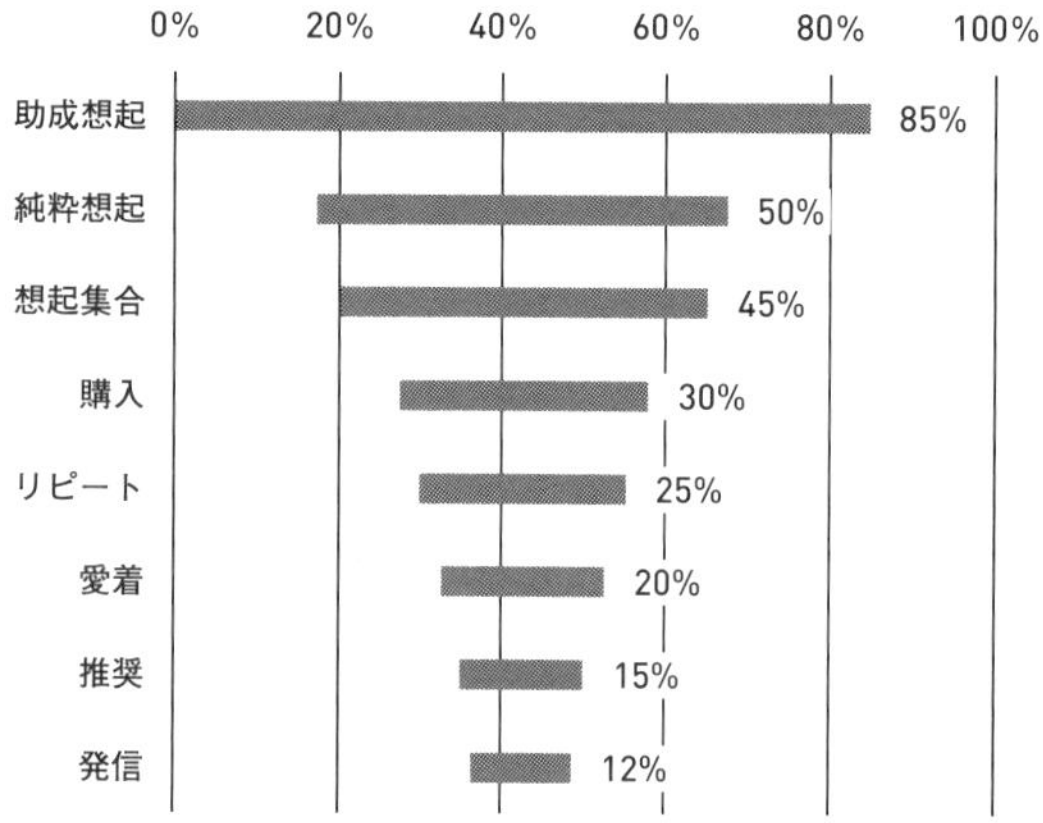

【図表5-3】DX支援のカテゴリーでシェアを上げたい広告代理店を想定したサンプルファネル／助成想起のみ突出してスコアがよく、純粋想起になるとファネルが弱くなっている

TOP3	イメージ	カテゴリー平均	自社	競合A	競合B	競合C	競合D
1	導入実績が多い	69.6	43	68	81	78	78
2	コストパフォーマンスが高い	68.8	41	85	74	76	68
3	セキュリティ面で信頼できる	67.6	21	82	81	79	75
	システム開発力が高い	54.8	45	51	88	45	45
	柔軟性がある／融通が利く	49.2	45	62	43	45	51
	顧客を大事にしている	48.8	38	79	21	85	21
	有名な企業である	47.6	44	21	45	85	43
	対応スピードが速い	47.4	21	85	40	21	70
	将来性・成長性が高い	46.2	18	62	21	68	62

【図表5-4】DX支援のカテゴリーでシェアを上げたい広告代理店を想定したサンプルチャート／POPスコアも競合と比較すると大幅に低い。ブランドイメージの形成がほとんどできていない状況と分析する

ボディケア、スキンケアのカテゴリでは想起されないような状態にあるブランド

■ガスや電気、通信などのインフラ企業が展開している新規事業（例：通信事業者が電気やガスの事業も展開している）などもこのケースにあたる。

アクション①「〇〇と言えば？」で想起されるようなコミュニケーションにシフトする

助成想起は高い状態にあるので、特定カテゴリーとの結び付けを重視した認知獲得の施策を行っていきます。

助成想起が高い状態とは「ブランド名は何となく聞いたことがある」くらいに覚えられている状況です。ここから、「〇〇と言えば？」と問われた時に名前が挙がってくるような認知形成をするためには、極端なくらいにカテゴリーを強調する方法が一つあります。

ブランドの名前自体には認知があるので、良くも悪くも、ブランド名を聞いた瞬間に違うカテゴリーが連想され、新シリーズの広告であることが伝わらないケースもあります。せっかくの広告活動が、新シリーズや新規事業における認知・ブランドイメージの形成ではなく、元々の事業やプロダクトに対するイメージの上乗せに留まっ

てしまうのです。これは非常にもったいないので、コミュニケーション戦略ではカテゴリーとブランド名をリンクさせることに集中してみてください。

アクション② 該当カテゴリーのＰＯＰ訴求に注力する

複数のカテゴリーでプロダクトやサービスを展開しているブランドでは、大元のカテゴリーでの認知に引っ張られてしまうことも多々ありますが、それを上手く活用することでブランド全体をマネジメントし、強いポートフォリオを構築している例も少なくありません。ブランドの一貫性を大切にすることで、シナジーを創出することができます。

ただし、新規事業や新規シリーズを展開する場合は、該当カテゴリーにおけるブランドイメージがそもそも弱いため、そのシナジーに引っ張られすぎるのもよくありません。前後で矛盾しているようですが、まずは該当カテゴリーのＰＯＰに着目して、その上でブランドイメージの形成に取り掛かるべきでしょう。

自社ブランドのプロダクトが、当該カテゴリーにおいていかに価値を有しているかを理解してもらうようなコミュニケーションから始めることをおすすめします。

一つの例として、ユニリーバのDoveは、このケースの良いお手本になるようなブランドです。Doveは日本市場では、ヘアケア、ボディソープ、ハンドソープ、スキンケアなど幅広いカテゴリーの製品ポートフォリオを有しており、いずれのカテゴリーにおいても、「うるおい」を最重要のPOPとして設定しています。実際にどのカテゴリーの広告を見ても「うるおい」を重点的に訴求していることがよくわかると思います。

一方で、カテゴリーごとに「うるおい」以外のPOPも設定しています。ヘアケアであれば「髪がさらさらになる」、ボディソープであれば「泡立ちの良さ」、ハンドソープであれば「清潔に洗い流すこと」をカテゴリーのPOPとして訴求しつつ、「うるおい」という最重要POPを全カテゴリーで維持する形です。

ケース4：その場限りの売上しかなく、ブランド形成ができていない

D2Cブランドが勃興するようになって以降、ファネルがすべて弱く細い状態にあるブランドが散見されます。食品や飲料、コスメ、アパレルなどあらゆるカテゴリーで起きている問題です。

マーケティング施策は一通り行っているものの、そのほとんどが刈取型のコンバージョン施策に当てられており、まずもってブランドの認知が広く獲れていません。Instagram や TikTok、LINE などをメインの集客チャネルとして広告を配信し、自社ＬＰに誘因して購買に結びつける販売フローをとっているブランドに多いケースです。

こうしたマーケティング活動を続けていると、その場限りの売上しかあげられず、ブランドが構築されることもないので、自転車操業のような状態になってしまいます。ファネルが全体的に細くなってしまう原因は、広告に投下できる予算の不足やマーケティング・ノウハウの不足などがありますが、改善する方法はあります。

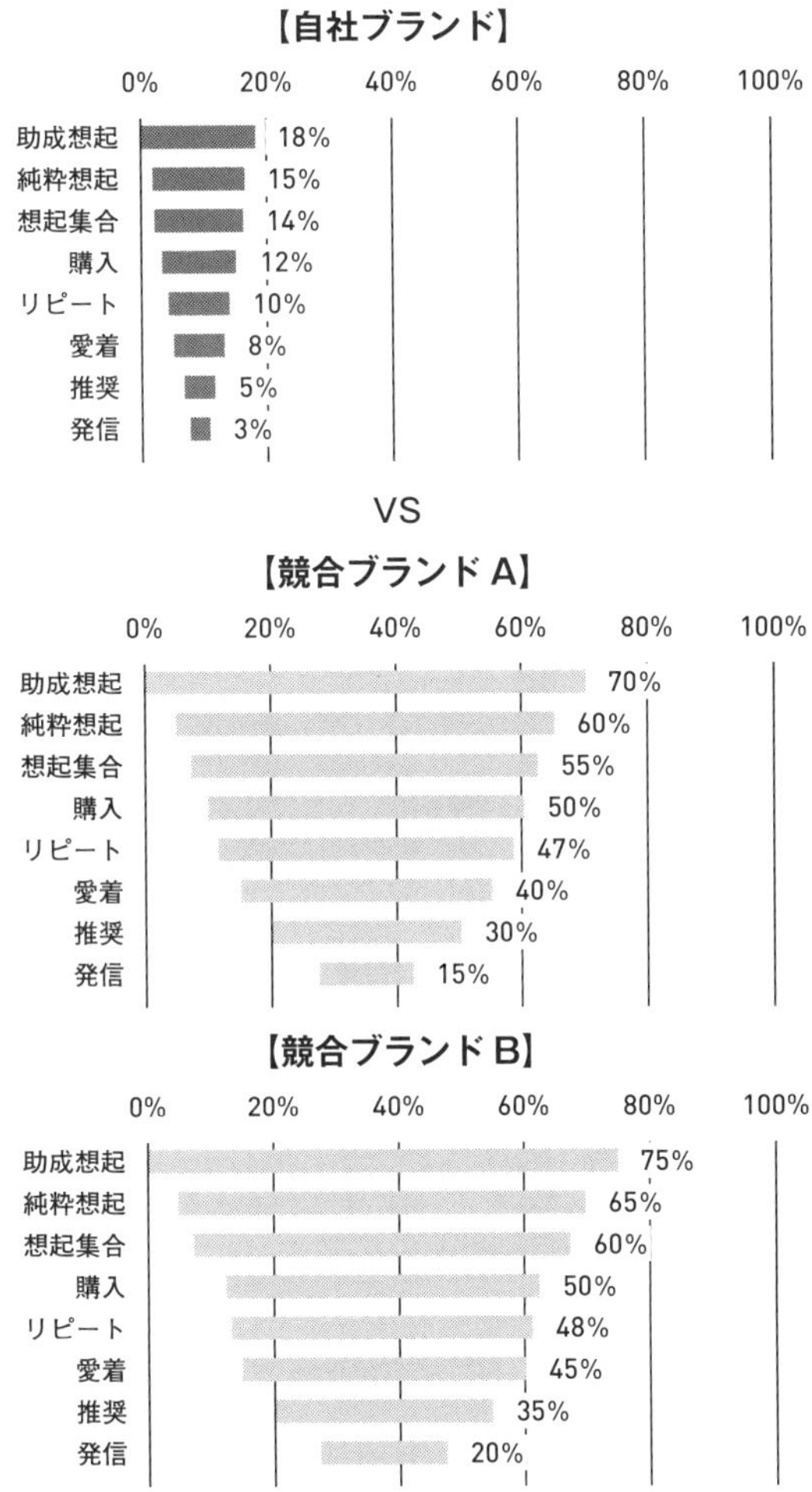

【図表5-5】D2Cのスキンケアブランドを想定したサンプルファネル／助成想起～購入までの想起ファネルも、全体的に弱い

ブランドの具体例

■明確な目的を設定せずにマーケティング施策をしていて、刈取広告のみに注力しているD2Cブランド、新興ブランドに多い。
■人材紹介サービスや不動産など、顧客を獲得する際に営業力に頼る度合いが大きいブランドは、ブランド構築が進まないケースが多い。
■B2Bにおいても、営業により顧客は少しずつ増えているが、潜在顧客の獲得に並行して取り組んでおらずブランド形成が進まない企業が散見される。

アクション① 運用するデジタル広告内でブランドロゴやブランド名を強調する

ブランド認知を上げていくための広告活動を地道に行うことが最初の一歩ではありますが、このケースに該当するブランドの場合、自社サイト上でのコンバージョンが売上の主体になっている可能性が高いです。

よって、認知広告に予算を振り分けると、短期的には売上ダウンになってしまうリ

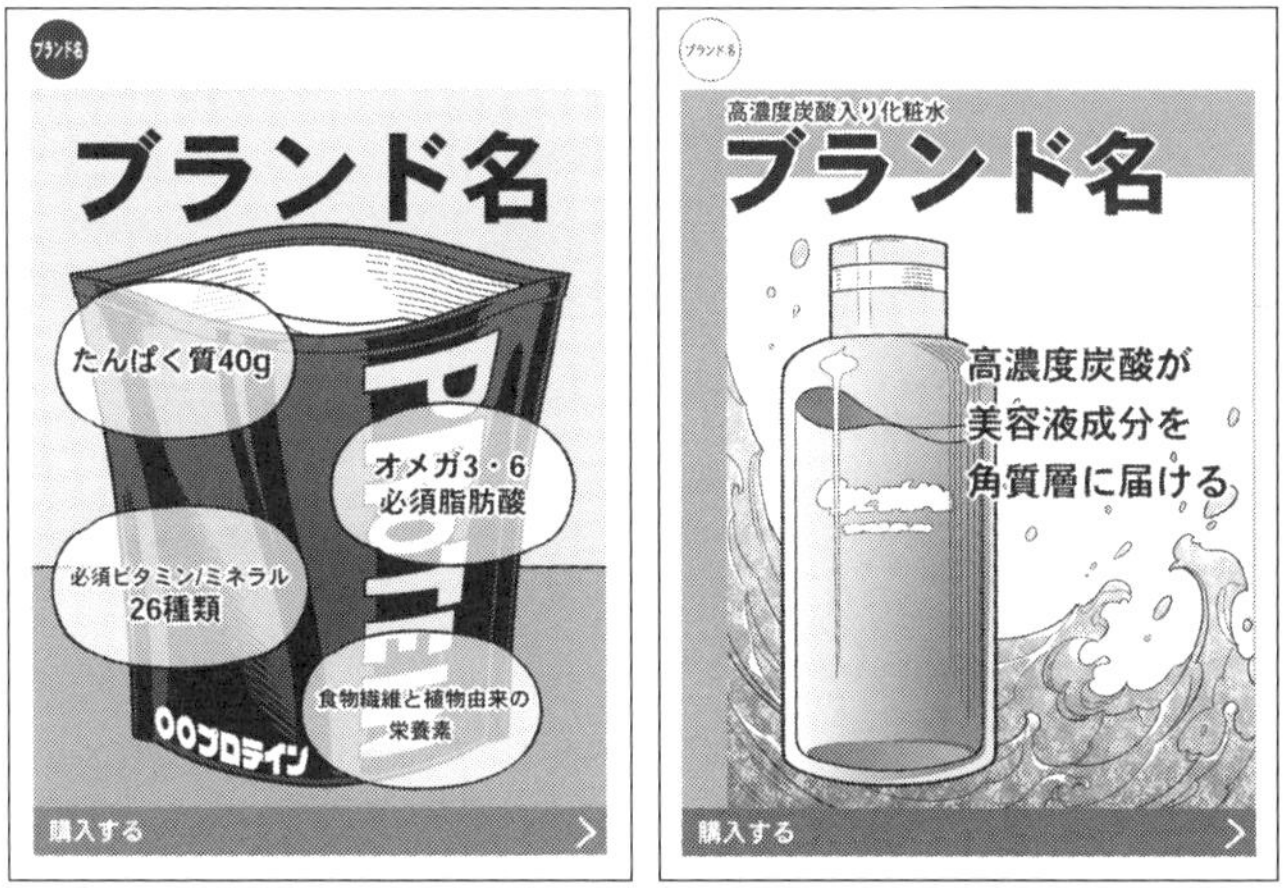

ウェブ広告のクリエイティブの良い例。ブランド名が目立つ位置にあり、ブランドの認知獲得にも寄与する

ウェブ広告のクリエイティブの悪い例。そもそもブランド名が載っていなかったり、目立たない位置にあったりする

TOP3	イメージ	カテゴリー平均	自社	競合A	競合B	競合C	競合D
1	肌に優しい	68.6	53	68	68	78	76
2	保湿効果が高い	67.8	44	85	74	68	68
3	浸透力が高い	67.6	21	82	81	79	75
	香りが良い	54.8	45	51	88	45	45
	美白効果が高い	44.4	21	62	43	45	51
	シワを改善してくれる	51.0	44	79	21	85	26
	シミを改善してくれる	47.4	43	21	45	85	43
	キメを整えてくれる	45.2	38	79	45	21	43
	植物由来の成分を使用している	47.2	20	62	24	68	62
	パッケージがおしゃれ	46.4	21	53	21	62	75

【図表5-6】D2Cのスキンケアブランドを想定したサンプルチャート／特にこれといったブランドイメージが形成されていない状況で、競合ブランドと比較して全体的にスコアが低い。よって、差別化要素となるPODがなく、消費者の中に印象が残っていないと考えられる。

スクがあります。

そこで、デジタル広告のインプレッションが大量にあるならば、それを上手く活用し、そこにブランド名やブランドロゴを露出させて認知を獲得していくようにします。ウェブ広告のパフォーマンスが下がらないようにしつつ、ブランド名の露出を高め、便益訴求まで行えるような広告クリエイティブに労力を割けると良いでしょう。

イメージとして、SNS広告のクリエイティブの良い例と悪い例のイラストを前のページに掲載しました。キャッチコピーやキービジュアルしか目に入らず、ブランド名が見当たらないようなウェブ広告をよく見かけます。広告色を弱めるなどの意図がある場合もあるかもしれませんが、少なくともこのケースに当てはまるブランドにおいては、悪い例にあるようなクリエイティブは避けたほうが良いです。

アクション② 小さくても良いので、ブランドを支持してくれるセグメントを作っていく

はじめは小規模セグメントでも良いので、ブランドを好きになってもらうことから始めます。POPはカテゴリー平均を目指しながら、PODのほうにより注力して、ターゲットに刺さるブランドイメージを確立することを目下の課題としましょう。

その際、購入してくれたユーザー層のロイヤルティ化を目指すと効果的です。ロイヤルティの高い人が自ら発信してくれることによりブランド認知が広がるケースもありますし、特定層にファンが多いブランドは第三者が発信してくれるケースもあります。幅広い層に対する認知を伸ばすよりは、特定のニッチな層におけるロイヤルティを強化し、結果的に話題化を狙う方法もあります。特にマーケティング予算の少ないブランドには、この方法がおすすめです。

また、ケース4に当てはまるブランドでは、企業のオーナーや特定のアンバサダーが自社プロダクトの宣伝を目的にメディアに露出していることも多々あります。それ自体は宣伝手法として重要かつ効果的な方法ですが、ブランドイメージが人物のイメージと強く結び付いてしまわないように注意する必要があります。

人物のイメージや人気にブランドの売上が左右されないよう、ブランドとして独立し、継続的な成長を試みなければなりません。ブランドイメージは、プロダクトやサービスに紐づけて形成することをおすすめします。

ケース5：市場の成熟・コモディティ化により、ブランドが埋もれてしまう

次は、主にコモディティ化しやすいと言われる消費財や家電のカテゴリーを筆頭に、市場の成熟化の影響もあり多くのカテゴリーで見られるケースです。コモディティ理論にある通り、成熟した市場において製品は同質化しやすいため、他社製品の中に埋もれてしまい購入の検討がなされない状況で、ブランド・パワーはＰＯＰは強いがＰＯＤが弱いという状態です。

ＰＯＰが強いということは、当該カテゴリーで満たすべきニーズに対して、顧客が便益を認識しているということになるので、及第点は取れています。ただ、他ブランドと比較した時に、強く惹かれるものがないために購買が生まれないと考えられます。つまり、課題はＰＯＤが弱いということに終始します。

ブランドの具体例

■消費財や家電など技術開発のスピードが速く、商品特徴の観点でコモディティ化しやすいカテゴリーにあるブランド。

■自動車メーカーなど強いナンバー1が存在するカテゴリーにいる、ナンバー2以降のブランド。ナンバー1が強いために、ナンバー2以降は埋もれてしまうという状況。

■商品特徴による明確な差別化が難しく、PODの獲得のハードルが高いカテゴリーにいるブランド。例として、生命保険や損害保険など。

■不動産マンションのように、売上が立地や価格などの条件面に左右されやすく、製品自体の便益による訴求がしにくい業界にいるブランド。このケースは特にブランド形成が難しい。

アクション①自社のPOD強化を見直す

PODが弱い状態だと、想起されたとしても純粋想起までで、想起集合にはほとんど残らないケースが多いと考えられます。より質の高い想起を獲得し、現在の助成想起を昇華させるためには、獲得したいＰＯＤを具体化し、コミュニケーション戦略やメディアプランに落とし込んでいく必要があります。

ＰＯＤがきちんと設定されており、ＰＯＤを備えたプロダクトであるにもかかわらず、ＰＯＤをしっかり伝えられていない場合は、コミュニケーションの優先順位を少し変えるだけで、劇的にブランドイメージが変わる可能性があります。

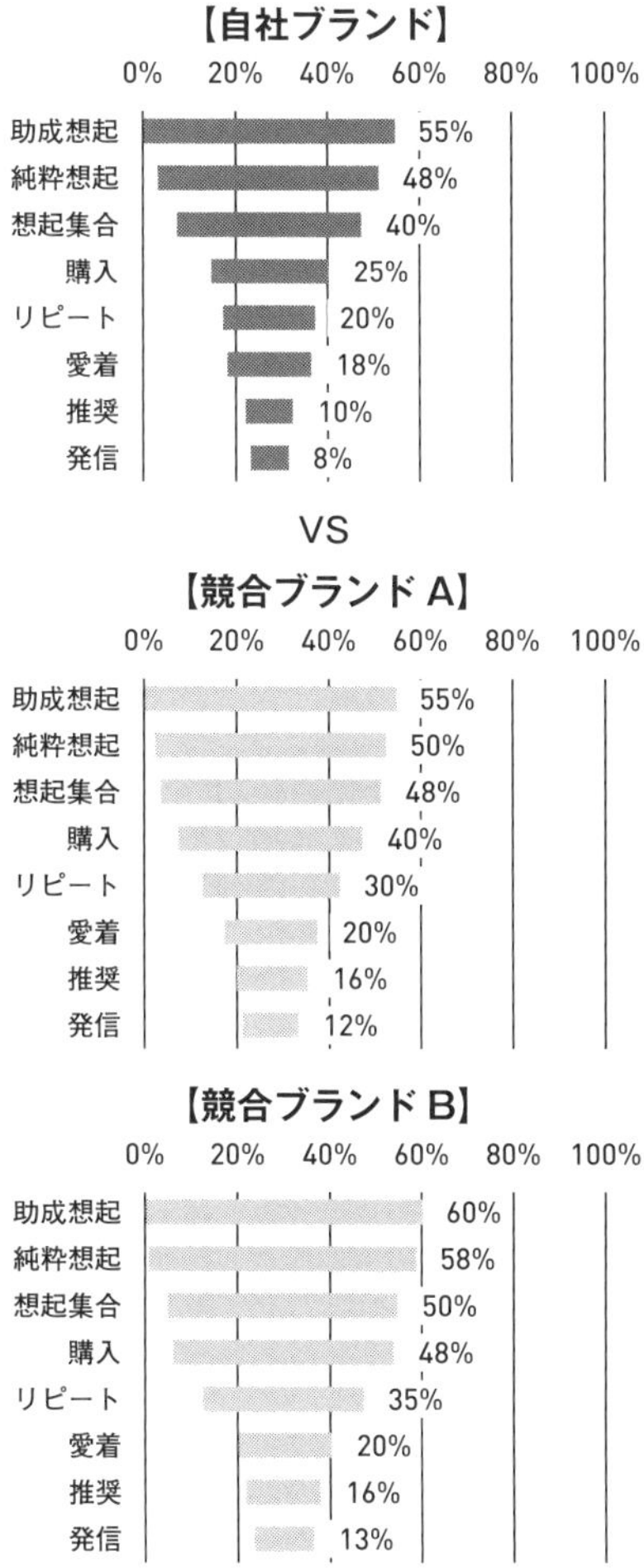

【図表5-7】助成想起は競合ブランドと比較しても劣らないが、そこから先のファネルが細くなっている

TOP3	イメージ	カテゴリー平均	自社	競合A	競合B	競合C	競合D
1	メーカー・ブランドが信頼できる	77.2	81	68	81	78	78
2	耐久性が高い	76.2	78	85	74	76	68
3	メンテナンスが簡単	75.8	74	70	81	79	75
	デザインが優れている	61.6	45	51	88	45	79
	電気代が安い	49.2	45	62	43	45	51
	日本製である	48.8	38	79	21	85	21
	多機能である	47.6	44	21	45	85	43
	最新の技術がある	47.2	32	78	35	21	70
	環境にやさしい	46.2	18	62	21	68	62

【図表5-8】POPは獲得できているが、PODが全体的に弱い

POPをしっかり訴求できている、強いPOPを形成できているというのは、及第点をとれているに過ぎません。差別化ポイントであるPODを優先的に押し出していくことで、これまで獲れていなかった顧客に関心を持ってもらえる可能性があります。

コミュニケーションで伝えるべき項目の優先順位や表現の大きさなどを、POPとPODで入れ替えることを検討してみてください。

アクション②一点突破で、他社に獲られているPODを獲り返しにいく

二つ目のアクションプランとして、他社が有しているPODを獲り返しにいくアプローチもありますがこのアクションはやや難易度が上がります。自社が定義しているPODで、自社ブランドよりも強い競合ブランドがいる場合、より多くの広告予算を投資して力業でそのPOD

を獲りにいくことがセオリーになってしまうからです。少ない投資でブランドイメージを逆転させるには、競合のPODの訴求方法とは異なる、強いコミュニケーションが必要です。

たとえば、ヘアケアのカテゴリーにおいて、競合が「ダメージケアをしてくれる」というイメージをPODとして持っているとします。このPODをどうしても獲得する必要がある場合、自社ブランドがその競合よりもダメージケアに優れているというブランドイメージを醸成する必要があるわけですが、配合成分などのRTBを強調して逆転することは難しいと思われます。

顧客は「ベネフィットそのものがいかに優れているか」という総合的なイメージで判断するため、そのベネフィットの根拠を強調しても、なかなかブランドイメージは変わらないのです。

つまり、「このシャンプーはダメージに効きます」と伝えるような正攻法では、勝てません。顧客がダメージケアを必要と感じる特定の瞬間（＝夏の日差しに晒された夏の終わりのシーズン）や、ダメージケアをもたらしてしまう根本的な原因（＝夜寝ている間のまくらによる摩擦）、ダメージケアが特に必要な髪の状態（＝カラーリング直後の毛先）など、何かしら切り口を絞り、その一点突破で競合よりも目立つ状態を作っていくと良いでしょう。

そして、ここで挙げた例は過去にも出ている一般的な切り口ですが、まだ市場では語られてこなかった新しい切り口などで訴求しない限りは、イメージの逆転は難しいと考えてください。

アクション③ 諦めて、別のＰＯＤを押し出していく

獲りたいＰＯＤを競合ブランドに独占されている場合は、そのＰＯＤを獲るのは諦めて、別の要素を自社のＰＯＤとして押し出していくのも手です。

他社が押さえているＰＯＤを獲得しにいくというのは、資本も時間も労力もかかることです。きちんと製品便益を担保した上で、まだ押さえられていない新規のＰＯＤをリブランディングの形で押し出していくのも良い手だと考えます。

話は変わりますが、古くなったブランドイメージの若返りを目的に、リブランディ

ングを行う例を近年よく見かけます。会社の方針としてリブランディングを行うことが決定事項になっている場合は別として、基本的には、若返りだけを目的にリブランディングを行うことは、おすすめできません。

リブランディングには、大量のコストとリソースがかかります。加えて、今保有しているPOPとPODは予算と労力をかけて獲得してきたものであり、それらを維持して損になることは一つもありません。リブランディングを行うよりも先に、保有しているPOPとPODを維持して、いかに新しいPODを獲得していくかを考えるほうがよいと考えます。

リブランディングを行ったほうがよいのは、新規のPODを獲得することが急務である時です。リブランディングでは、現状持てていない新規のPODを伸ばすことをKPIに設定すると方向性が一気に明確になります。

ケース6：広告に起用している著名人にブランドイメージが引っ張られる

ケース6は、長年、著名人を起用した広告活動を行っているブランドによく見られるケースです。助成想起～発信まで、全体的にファネルのバランスが良いことがこのケースの特徴です。

大企業を中心に、テレビCMへの投資に積極的なカテゴリーでは、モデルやタレント、スポーツ選手などの著名人との広告契約に大きな予算を投下し、企業やブランドのイメージ形成に繋げている企業が多数です。前提として、著名人を起用することは、獲りたいブランドイメージを形成する上で効率的かつ有効的なこともあります。

しかし、著名人にブランドイメージが引っ張られる（PODとして獲得したいイメージより、「誰がCMに出ている」などのPODスコアのほうが高くなってしまうなど）こともあり、ブランド・パワーを成長させていく時には注意すべきこともあります。

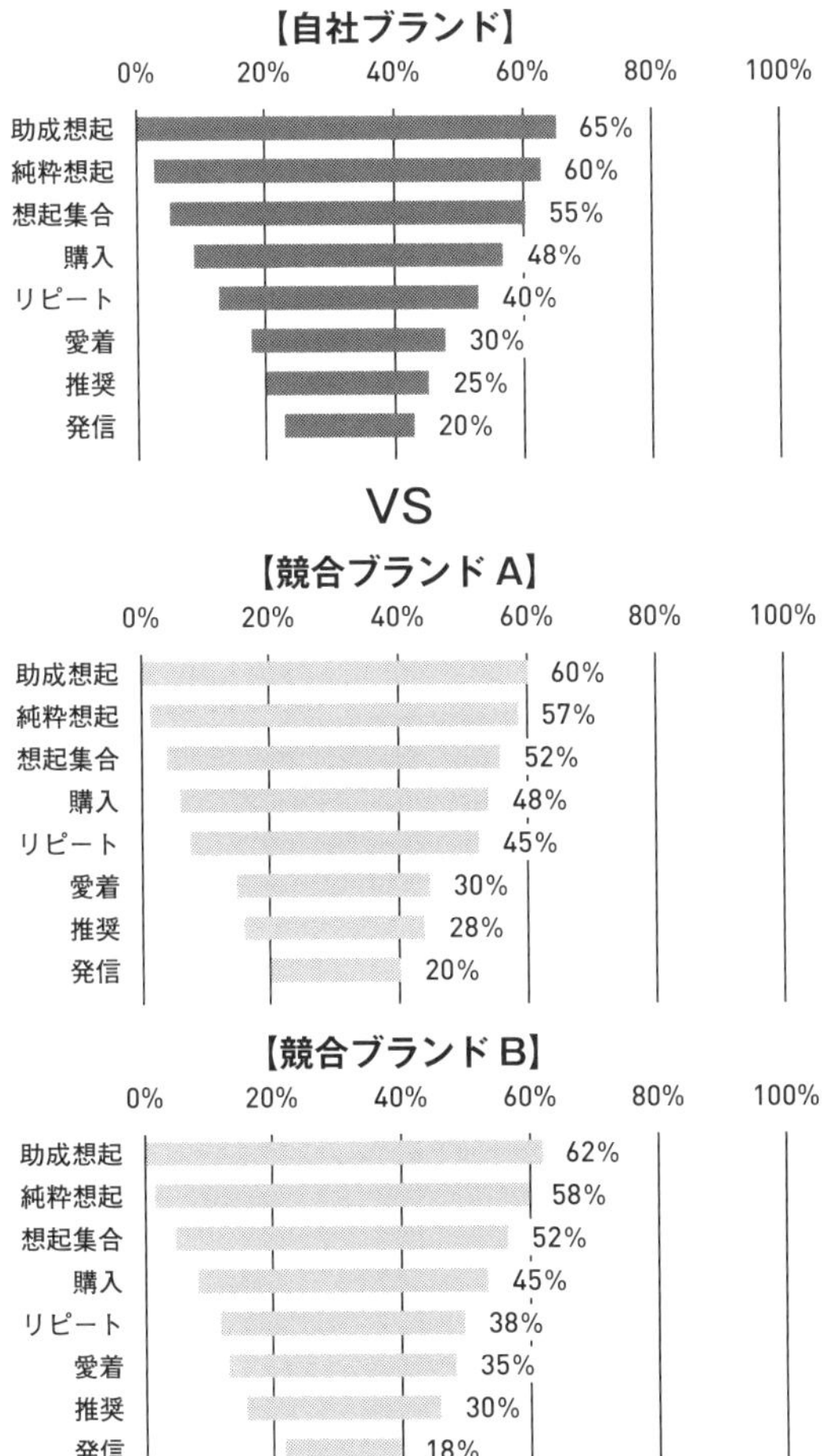

【図表5-9】大手の飲料ブランドを想定したサンプルファネル／助成想起〜発信まで、全体的にファネルのバランスがよい。購入率も悪くないため、問題点として気づかないことが多い

TOP3	イメージ	カテゴリー平均	自社	競合A	競合B	競合C	競合D
1	味がおいしい	62.2	21	68	68	78	76
2	製法にこだわっている	67.8	44	85	74	68	68
3	安心して飲める	72.2	44	82	81	79	75
	香りがいい	54.8	45	51	88	45	45
	人気がある	48.8	43	62	43	45	51
	最先端な	51.0	44	79	21	85	26
	こだわりがある	47.4	43	21	45	85	43
	機能性が高い	45.2	38	79	45	21	43
	有名人が飲んでいる	60.2	85	62	24	68	62
	パッケージがおしゃれ	46.4	21	53	21	62	75

【図表5-10】大手の飲料ブランドを想定したサンプルチャート／「有名人が飲んでいる」というイメージのみ高く、POP・PODとして本来獲るべき項目のスコアが低くなっている

著名人の広告起用は、正しい戦略をもって、リスクも踏まえた上で行うことが重要です。

ブランドの具体例

■テレビCMでのマーケティング予算が豊富な大企業。
■著名人を起用したテレビCMやタクシー広告への投資に積極的なB2B企業。
■特定のインフルエンサーをブランドアンバサダーとして起用し続けている中小・新興ブランド。

アクション① 形成すべきブランドイメージを客観的に把握する

やはりまずは、自社ブランドのPOPとPODの状況を競合ブランドも含めて把握することから始まります。タレントを起用することが先に目的としてあるのではなく、獲得したいブランドイメージの形成が目的にあるべきだからです。

競合と比較してPOPが遜色のない状況なのか、どのPODを伸ばす必要があるのかを、客観的に数字で確認すべきです。過去から継続している「何となく」な自社ブランドのイメージに流されないようにしましょう。

アクション② 動画やデザインの構成に合った人を起用する。逆はNG

著名人を広告に起用する場合、テレビCMを中心とする動画広告やウェブサイト、LPなどに出てもらい、ブランドの看板としての役割を期待するところが大きいでしょう。よって、自社のブランドイメージに適したタレントであるかどうかや、人気度・知名度、信頼度に対して掛かってくるコストを見ながら、起用するタレントを決定し、コミュニケーションを考えていくという流れになることが多いと思われます。

この考え方は間違ってはいないのですが、本来はPOPとPODを伸ばすためのブランディング施策の延長に、制作する動画広告やウェブサイトのデザインが先行して存在しているはずです。

あくまでも、その動画の構成やサイトのデザイン設計が先にあって、そこにフィットするタレントを採用するという順番であるべきということです。

特定の俳優、モデルありきの動画構成やデザインになってしまうと、自社ブランドのイメージを上げるものではなく、そのタレントやモデルが一番よく映る構成になってしまうこともしばしばです。順番を間違えないようにしたいところです。

アクション③ 契約にかかるコストとメディアにかける
コストを天秤にかける

著名人との契約には大きなコストがかかります。マーケティングで、費用対効果を最も判断しづらい施策の一つです。

正直、現存するあらゆるブランディングやマーケティングの知識、メソッドを駆使しても、著名人Ａを起用するパターンと、著名人Ｂを起用するパターンとで、どちらのほうが費用対効果が良い、どちらのほうがブランド・パワーを上げられる、など と事前に推測することはできないと思います。

ですが、契約にかかるコストを見て、そのコストをメディア投資に換算することはできます。著名人Ａと著名人Ｂの契約コストに１０００万円の差があった時、その１０００万円をメディアに投資するパターンと比較してみることは可能でしょう。

そのような比較をしても、数値をもってどちらが正しいかを正確に判断することはできないのですが、常にコストに対する意識をもって、できるだけメディアに投下することを重視することが大切だと考えます。

この考え方は、テレビＣＭなどを作る時の制作費についても、同じことが言えます。せっかく素晴らしい方と美しいクリエイティブを作っても、顧客に届かなければまったく意味がありません。

著名人との契約にかかるコストや、動画を制作するコストが膨れ上がりメディアに投資する金額が減ってしまうという事態にならないよう注意が必要です。反対に言うと、まずはメディアプランニングを明確に設定し、どのくらい・どのような想起を誰から獲得したいのかを考えた上で、限られた予算の使い方を考えるべきです。

ケース7：カテゴリー規模が小さく、カテゴリー自体の認知形成が必要

最後に、ケース7はまだカテゴリー自体が発展しておらず、自社ブランドの育成と同時にカテゴリー自体の認知を上げていく必要がある状況で、スタートアップや大企業の新規事業に多いケースです。

フリマアプリの「メルカリ」や、動画配信プラットフォームの「Netflix」「Amazon Prime Video」「U-NEXT」などは、今でこそ消費者の生活の一部になっていますが、10年前は未成熟の市場でした。このような新規市場では、通常のブランド・パワーの育成とはやや異なるアプローチが必要になってきます。

ブランドの具体例

■日本におけるオンラインデリバリーサービスのカテゴリー。QRコード決済サービスを取り巻く数年前の市場状況もこのケースに近く、テックカンパニーが通る道と

も言える。

■昔から市場は存在しているが、プレイヤーが散在しており、ビッグプレイヤーが出てきていないために、カテゴリーとして未成熟な業界。家事代行サービス、介護サービス、パーソナルトレーニングジムなどが当てはまる。

■グリーンエネルギーやロボティクスなどの新興カテゴリー。

アクション① 自社ブランド名の認知獲得と、カテゴリー育成を同時に行う

カテゴリー自体が未発達なので、カテゴリーに対する顧客の認知と興味関心を育てていくことが第一に求められます。この時、自社ブランドの認知獲得もあわせて行うようにします。

フードデリバリーの「Uber Eats」は、これが非常に上手い好例です。フードデリバリーを注文することを「ウーバーする」と言うようになっていますが、これはフードデリバリーというカテゴリーとブランド名が顧客の中でしっかりシンクロしていることを示しています。

新規カテゴリーでのビジネスにおいては、カテゴリー育成の優先度のほうが高いよ

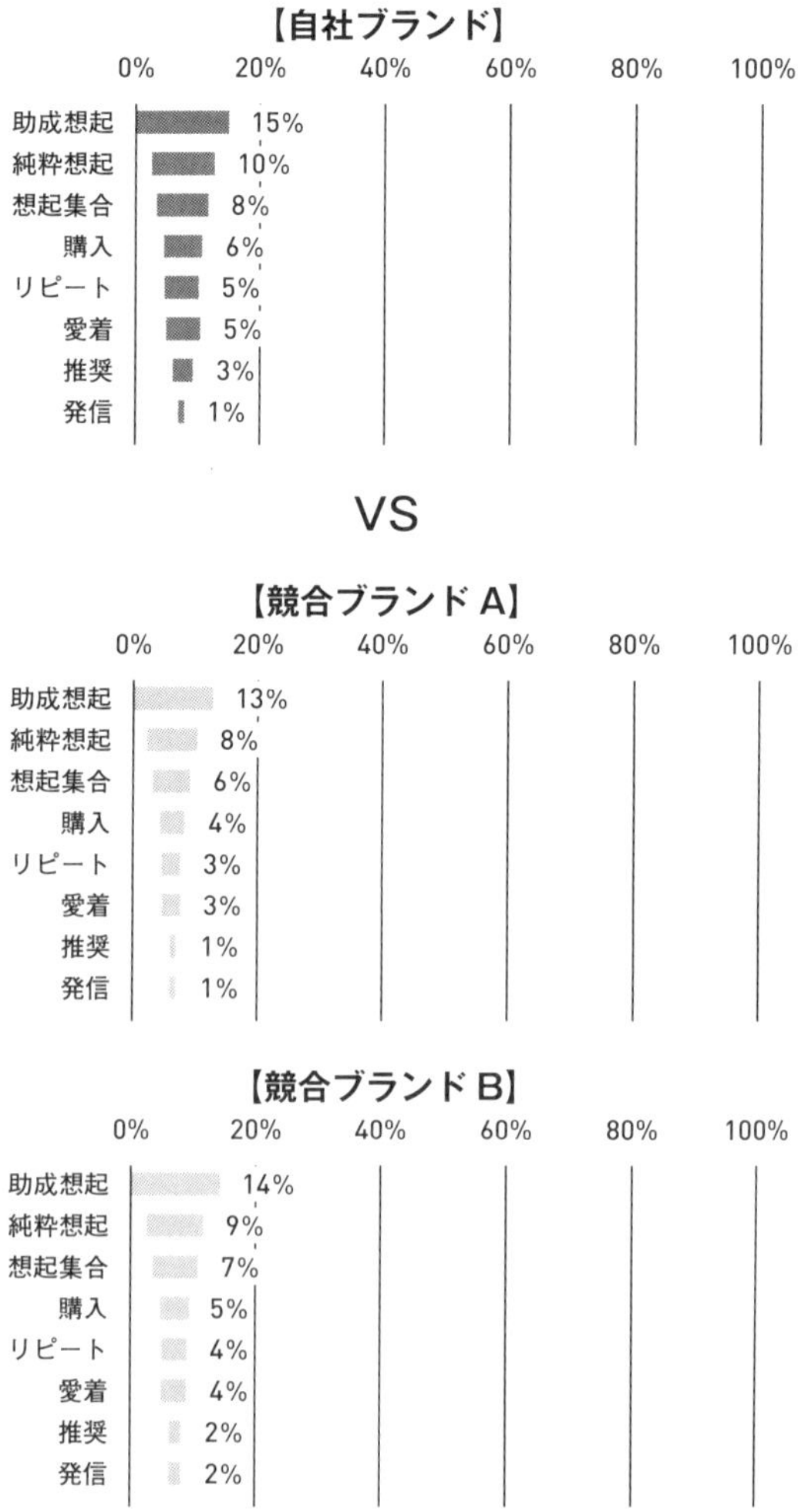

【図表5-11】ケース7に当てはまるブランドのサンプルファネル。カテゴリー認知が低いため、競合含めて認知ファネルが全て弱い

うに考えられていますが、初期からブランド名と紐づけた顧客認知を獲得しておくことは、競合が増えてきた時など後々にブランドを強化していく際に効果を発揮します。

アクション② 一番手の認知を獲得する

『売れるもマーケ 当たるもマーケ マーケティング22の法則』（1994年／東急エージェンシー）というマーケティングの名著があります。この書籍の第1章で説明されているのが「一番手の法則（The Law of Leadership）」という考え方です。プロダクトやサービスの品質、デザインが優れていることよりも、顧客に一番に認知されることが重要であるとする法則なのですが、これはブランディング戦略を考える上でとても有用な法則だと考えています。

要は、最初にある程度の顧客認知を獲得すべきということを言っており、最初に市場にプロダクトをローンチさせることが重要なのではありません。

また、既存市場では採ることのできない戦略で、新興カテゴリーのみで実行可能です。新興カテゴリーではとにかくスピードを重視し、先行投資のメリットが特段大き

TOP3	イメージ	カテゴリー平均	自社	競合A	競合B	競合C	競合D
1	環境にやさしい	42.4	32	43	45	45	47
2	機能性が高い	42.0	42	46	38	38	46
3	安心して使える	41.8	45	38	43	45	38
	最新のテクノロジーを使っている	41.4	45	41	35	45	41
	価格が抑えられる	41.2	45	34	43	43	41
	コストパフォーマンスが高い	40.8	38	62	21	62	21
	色々な種類がある	39.8	44	21	45	46	43

【図表5-12】カテゴリー自体の認知が弱いため、POPとPODもスコアが総じて低い

くなることを意識するとよいでしょう。結果として、初期段階で一番手のポジションを確立できれば、後発企業が台頭してきたとしても、そう簡単にポジションは揺らがないと考えます。

6章

すべての基礎となる戦略構築

ブランディングを可視化しても、売上が上がらない時は

4章と5章では、メディアプランニングやブランドコミュニケーション、ケース別のアクション例など、HOW寄りの視点でブランド・パワーの高め方を解説してきました。

しかし、Brand Power Analyticsの数字をもって本来立ち返るべきは、マーケティング戦略の上流（WHO／WHAT）にあたる部分です。具体的には、STP分析を中心とした構想フェーズの戦略設計を綿密に練り上げ、Brand Power Analyticsをもとにマーケティング施策の仮説や精度をいかに上げられるかに尽きると考えています。

もし、Brand Power Analyticsを用いてブランディングを可視化し、マーケティング活動に落とし込んだのに成果に繋がらないのであれば、必ずSTP戦略を見直すようにしてください。

そもそも、**ブランドを作り上げていくのはプロダクトやサービスを提供する企業側**

ですが、それを評価するのはあくまでも顧客です。

ＳＴＰ戦略で定めた顧客がブランドの評価主になり、自ら定めた市場（ポジショニング）で競合ブランドと戦っていくわけですから、ＳＴＰの解像度が低く、戦略時点で方向性を誤っていたら、ブランド成長を実現できる可能性は限りなく低くなります。当然、売上拡大の成果も得られないでしょう。

一つ、極端な例を挙げてみます。

あるコスメブランドが、ターゲット顧客を「30代女性の高所得層で、サステナビリティやオーガニックの知識が高い人」と定めているとします。いかにもありそうなターゲット設定です。このコスメブランドはターゲット顧客を意識してブランディングを進めていくので、いかに自社がサステナブルな活動に取り組んでいるか、環境に配慮したパッケージや処方を採用しているかなどの特徴を、ＰＯＤないしＰＯＰとして訴求していくでしょう。

ところが、いざブランドをローンチしてみると、実際にプロダクトを購入したり、興味を持ってくれたりする顧客は、まったく違うセグメントだったというケースは意外とよくあります。たとえば、このケースで言うと、ある著名なインフルエンサーが偶然にも「このコスメの香りがいい」とSNSで発信したら、トレンドに敏感でコスメフリークな20代女性の顧客が多く集まってくるかもしれません。

この後の展開にはいくつかの選択肢がありますが、当初の戦略で想定していた顧客は獲得できていないにもかかわらず、このまま「30代女性の高所得層で、サステナビリティやオーガニックの意識が高い人」に向けたブランディングを行っても、顧客はそもそもそのような要素を求めていないので、ブランド・パワーはおろか、ブランドの認知もなかなか上がらないと思われます。

マーケターは、自社の目線ではなく、顧客目線でブランドを育てる必要があります。その一歩目として、自社のブランドが誰に・どのような理由で購入されているかを把握した上で、既存の顧客層と近いセグメント層をターゲット顧客とするのか、別の異なる層をターゲット顧客に据えるのかを判断しなければなりません。

危険なのは、戦略時に立てたセグメントとは異なる層に購買されている状況を把握できていないケースで、さらに悪手なのは、その状況を把握しながらも売上が立っていれば問題ないと判断してアクションを取らないケースです。これは、言ってしまえば、売上は立っているが、戦略が間違っている状況なので、必ず近い将来に頭打ちを迎えてしまいます。

ＳＴＰ戦略は、マーケティングの基本のキとされる部分ですが、基本であると同時に最重要とも言えます。ＳＴＰ分析とはひとことで言ってしまうと、セグメンテーションとターゲティングで自社ブランドのターゲット顧客を決め、その顧客に選んでもらうためのブランド価値を設計する工程です。これは、あらゆる事業における戦略構築そのものであり、ブランド名やロゴの開発から、プロダクト・サービスの開発、パッケージ、店頭ツール、ウェブサイトなどのデザイン開発、プロモーションのメディアプランニング、コミュニケーション戦略まで、先々のすべての事業活動に影響します。

既に策定されているＳＴＰ戦略があったとしても**中長期的に事業を伸ばすためには、やはりＳＴＰ戦略を定期的に見直すことが重要**と考えます。常に上流戦略の部分を起点に考えて、マーケティング活動を行うようにしてください。

誰でもマーケティングの上流戦略を描けるようになる10ステップ

最後に6章では、ＳＴＰのフレームワークを実務に落とし込むための10ステップをご紹介します。これは、ＳＴＰ分析の工程を独自のメソッドで10段階に分け、各工程で行うべき作業とゴールを明確にしたものです。

ＳＴＰ分析は誰もが知るマーケティングフレームワークですし、基本中の基本ですので、ここから先の解説は教科書的でおもしろくないと思われるかもしれません。ですが、実は、本書の企画が動き始めた当初は、この10ステップを書籍のメインとして構成を考えていました。それくらいマーケティングの上流戦略を再現性をもって策定することは重要で、率直に申し上げると、ＳＴＰのフレームワークを本当に使いこなせているマーケターはあまりいないように思います。

日本企業のマーケティングは、デジタルマーケティングの発展も相まって、ＨＯＷのマーケティング手法にかなり偏重してしまっています。WHO／WHATの重要性が、度々説かれるようになっているのは、HOWの限界に多くのマーケターが気付き始めているからではないでしょうか。

この10ステップは、ただSTP分析の工程を確実に行えるようにするだけでなく、**全工程を通してWHOとWHATを解き明かす**ことも目的に置いています。このステップを踏めば、誰もが再現性をもって、WHO／WHATを明確にしたマーケティング戦略を描けるようになるはずです。

ぜひ、日々のマーケティング業務に落とし込んで、一度実践してみていただければと思います。

マーケティングの上流戦略を構築する10ステップ

具体的な10ステップの解説に入る前に、まずは簡単に10ステップの全体像を説明しておきたいと思います。

STP分析とは、セグメンテーション、ターゲティング、ポジショニングの3つの英単語の頭文字をとって名付けられた分析法で、マーケティング論で知られるフィリップ・コトラー氏が提唱したフレームワークです。一般的には、セグメンテーション→ターゲティング→ポジショニングと3つの段階を踏む形でSTP分析を行うことが多いかと思いますが、いずれの工程も理屈として頭では理解できていたとしても、いざ実行しようとすると意外と簡単なものではありません。また、発生する実務も細々としています。それらを実務ベースで分解したものが、次の10ステップです。

ステップ1：セグメントの分類
ステップ2：潜在ターゲットサイズの推計
ステップ3：獲得難易度チェック
ステップ4：ブランドセンスチェック
ステップ5：プライオリティ
ステップ6：デプスインタビュー（N1インタビュー）
ステップ7：インサイト発掘
ステップ8：タスクマップ
ステップ9：コンセプトライティング
ステップ10：コンセプトテスト&ロック

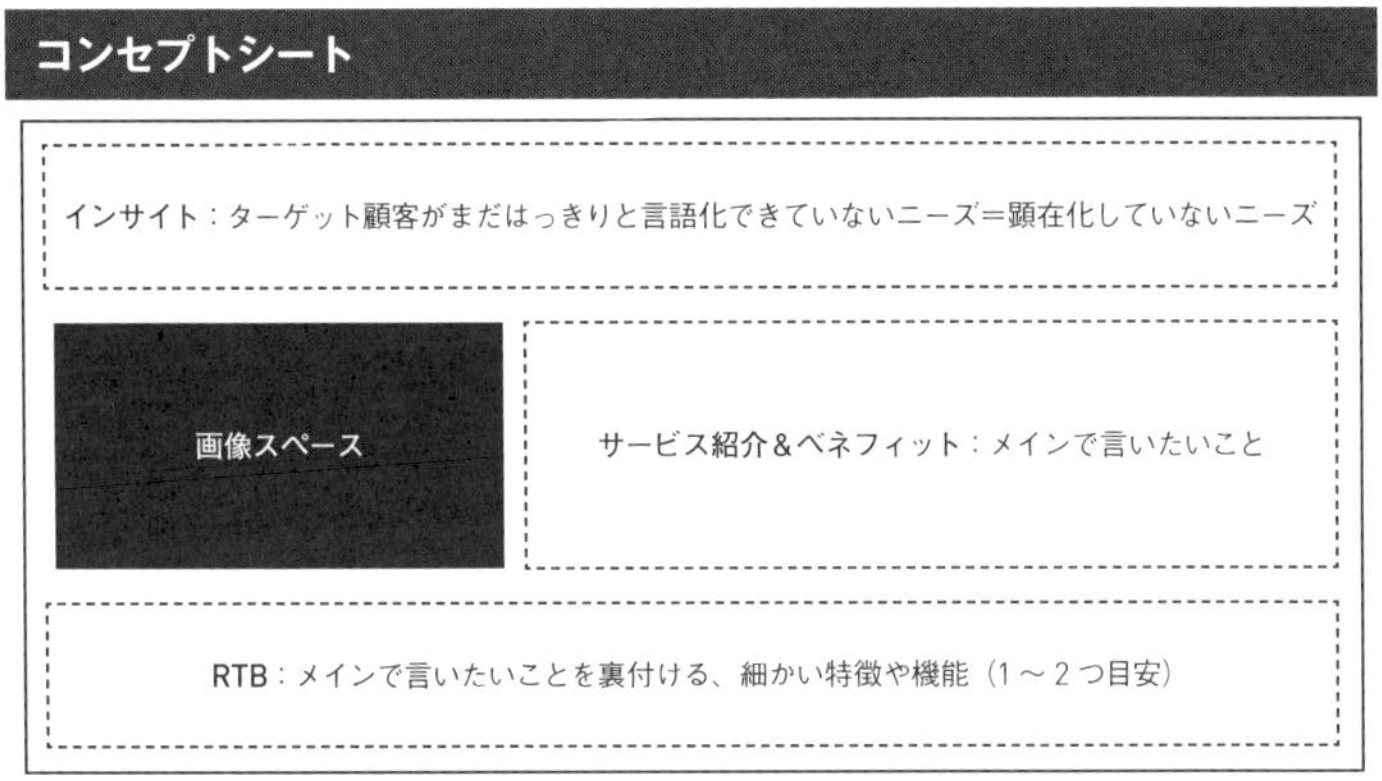

コンセプトシート
インサイト：ターゲット顧客がまだはっきりと言語化できていないニーズ＝顕在化していないニーズ
画像スペース
サービス紹介＆ベネフィット：メインで言いたいこと
RTB：メインで言いたいことを裏付ける、細かい特徴や機能（1～2つ目安）

【図表6-1】コンセプトシートのイメージ

また、この10ステップでは、最終的にコンセプト開発を行うことを推奨しています。コンセプトについては先に4章で触れましたが、インサイト、プロダクト名&概要、ベネフィット、RTB(Reason To Believe)から構成される、1枚のシンプルな製品の概要書のことです。

このコンセプトをもって、4P(Product, Price, Promotion, Place)や6P(Product, Price, Promotion, Place, Proposition, Package)と呼ばれるマーケティングミックスの開発に移ることにより、ターゲットが本当に求めているプロダクトを確度高く開発することが可能になります。

ここまで本書を読み進めてくださった皆さんなら、4Pや6Pの要素がいかにブランド・パワーに影響してくるか理解できるはずです。

ＳＴＰ戦略を起点にした綿密な上流戦略が初期段階で策定されているのか否かで、ブランド・パワーの成長性には大きな差が生まれてきます。

ステップ1：セグメントの分類

ターゲットセグメントを定義する「セグメンテーション」の意味は皆さんご存知だと思いますが、一方で「良いセグメンテーションとは何か」「どのようにセグメンテーションをすれば良いのか」という定義や手法については、曖昧な方も多いのではないでしょうか。

セグメンテーションとは、潜在顧客を様々な角度から分類することです。この工程には、ターゲティングする前に、自社が狙うべき市場の適切性を把握しておく目的があります。

セグメントの設計は、「1．セグメントを分類する」「2．そのターゲットのサイズを推測する」の二つのステップで行う方法を推奨しています。ステップ1で行うのが「セグメントの分類（潜在顧客の分類）」です。

セグメントの分類方法には様々な軸があります。どのような軸を用いてセグメントを設計するかは、どのようにターゲットを定めていくかというターゲティングの工程にも関わってくるため、綿密に練る必要があります。マーケティングスキルが飛び抜けているなと思う方は、セグメンテーションの設計が非常に上手だったりします。

一般的にセグメントの分類で用いられるのは、次のような項目です。

セグメントの分類項目

・デモグラフィック
・ジオグラフィック
・サイコグラフィック
・カテゴリーへの関与レベル（使用・非使用・購買頻度など）
・ブランドへの関与レベル（認知・未認知・使用経験の有無・ロイヤルティなど）
・競合使用状況
・カテゴリーニーズ（使用・購入する目的）

ステップ2：潜在ターゲットサイズの推計

ステップ1でターゲットセグメントを分類できたら、次はそのセグメントのサイズを推測していきます。具体的には、定量調査をもとに市場規模がどれだけあるか、潜在顧客数が何人くらいいるかを推測します。

定量調査では、インターネットリサーチなど一般的なマーケティングリサーチを用いて、選択式のアンケート調査を行います。調査は、スクリーニング調査↓本調査の2段階で行うのが一般的です。

定量調査は、ターゲットの割合をはじき出すために行うもので、最終的に、総務省をはじめとする公的機関が発表している統計データ（総人口）を掛け合わせて、日本における実際の市場サイズを推測するという流れです。

たとえば、「女性向けの低アルコール飲料ブランド」のセグメンテーションを行うために、ターゲットサイズを測る調査を行うとします。これは、どのターゲットが最

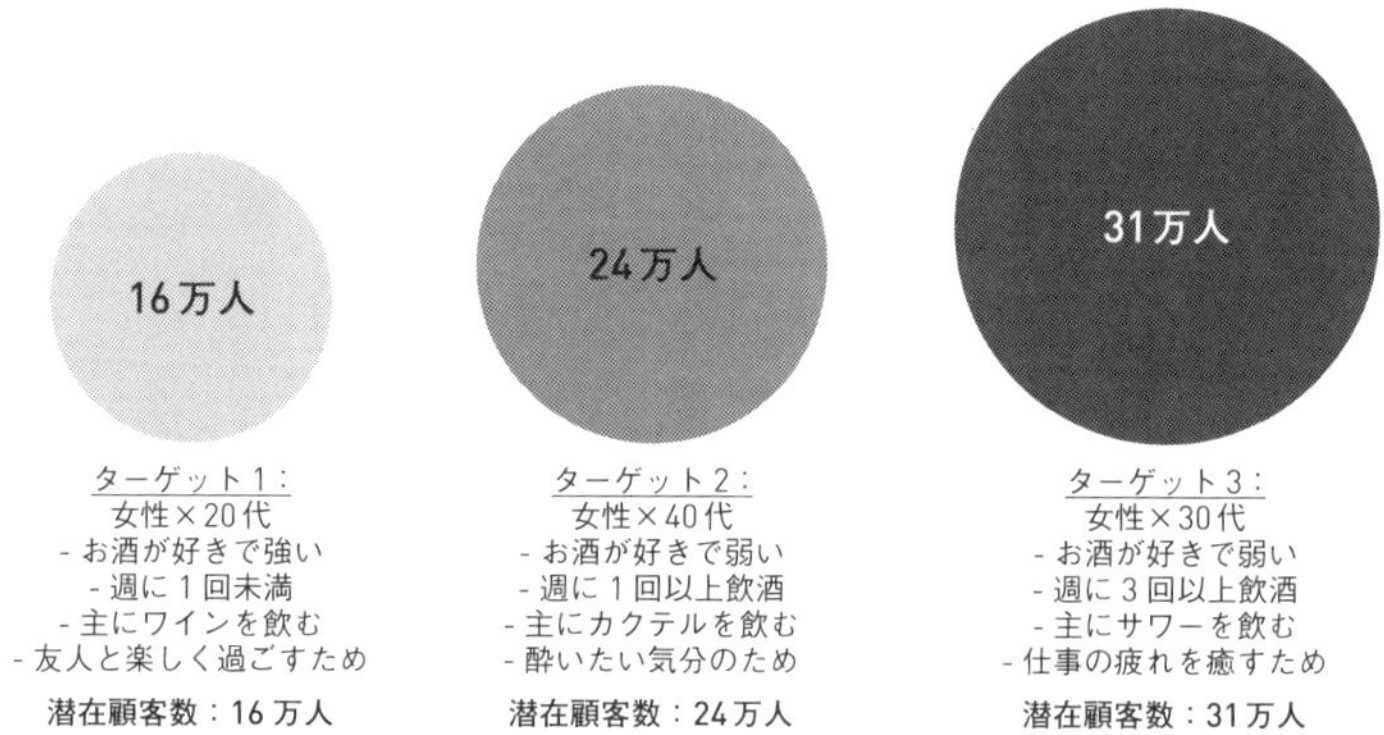

【図表6-3】セグメントサイズの推計イメージ（数字はダミー）

適かを調査するのが目的ではなく、様々な切り口で顧客を見た時にどのセグメントが最も潜在顧客数が多いかを把握することが目的の調査です。

あくまで一例にはなりますが、「年齢」「アルコール強弱の好み」「飲酒頻度」「よく飲むお酒の種類」「お酒を飲む目的」の5つの項目について選択式で設問を用意したら、5つの項目を掛け合わせる形で、回答者の多い組み合わせのパターンを算出していきます。各組み合わせのパターンのパーセンテージを割り出したら、公的機関の総人口数のデータを掛け合わせて潜在顧客数の概算値を算出します。

この潜在顧客数の考え方は、TAM・SAM・SOMの概念と照らし合わせながら考えてみるとわかりやすいかもしれません。

・TAM（Total Addressable Market）：特定事業が存在し獲得できる可能性のある全体の市場規模
・SAM（Serviceable Available Market）：特定事業が獲得し得る最大の市場規模
・SOM（Serviceable Obtainable Market）：特定事業が実際にアプローチできる実際の市場規模

先の例で考えると、TAMでは低アルコール飲料を飲む可能性のあるあらゆる消費者を対象とします。未成年者や低アルコール飲料拒絶者を除いた上で、現時点で低アルコール飲料を飲んでいない人を含むあらゆる消費者がTAMに入ります。

次に、【図表6－3】のターゲット1、2、3のセグメントはもちろん、低アルコール飲料に対してニーズのありそうな顧客層の合算値がSAMになると考えます。ブランドとして、男性をターゲットに含めない、50代以上は狙わないなどの制限がある場合は、そのセグメント層は省いていきますし、低アルコール飲料に一切ニーズがなさそうな顧客も省いていきます。そして、SAMの中から特定のセグメント層を絞り込んでいき、現実的にアプローチ可能なセグメントとしてＳＯＭを定めます。

厳密には、ＴＡＭ・ＳＡＭ・ＳＯＭの概念はセグメンテーションの考え方と異なるのですが、最大の市場からセグメントを切って、アプローチ可能な範囲に絞り込みながら、潜在顧客数を理解し、売上の予測値を立てていくのも有用な方法です。

マーケティング戦略を策定する時は、このようにエビデンスに基づいてセグメントを分類・分析した後で、そのうちどのセグメントをターゲットに据えるかを考えていきます。ノウハウが曖昧なまま何となくセグメンテーションをしていた方も多いと思いますので、ぜひ参考にしてみてください。

ステップ3：獲得難易度チェック

セグメンテーションで自社のターゲットとなり得る顧客セグメントを設計したら、ターゲティングの工程（ステップ3〜5）に入ります。ここで自社のターゲットを決定し、決定したターゲットに対してポジショニングを打ち立てていくことになります。

せっかく素晴らしいセグメンテーションができても、プロダクトやサービスが売れる可能性が高いターゲット層にアプローチできなければ、売上・利益に繋げることはできません。そして、ターゲティングが誤っていれば、その後のあらゆるマーケティング活動は非効率なものになります。

また、セグメンテーションをもとに、ただ顧客層を絞り込むことだけがターゲティングではありません。ターゲティングの本質的な目的は、**自社のプロダクトやサービスがそれぞれのターゲットのどのような課題を解決するのかを明確にする**のと同時に、**自社のブランディングの方向性に合わせて顧客を再定義する**ことです。

ステップ3では、定義したセグメントごとに「ターゲットが本当にプロダクトやサービスを購入してくれるのか」を獲得難易度としてスコア化していきます。

スコア化と言っても複雑なことはせず、「獲得しやすい＝3」「獲得しづらい＝1」「どちらとも言えない＝2」の3段階で評価できれば十分です。

スコアリングは、消費者インタビューなどのヒアリングをもとに判断します。各セグメントに該当する消費者に、現時点でのサービスやプロダクトに関する情報を提示し、商品を購入したいか／サービスを使ってみたいかを聞いて反応を確認します。

インタビューが難しい場合、ここはマーケティング担当者の仮説でも十分です。ただし、これまでとは異なるカテゴリーの新製品だったり、新規事業のSTP分析をしたりする場合は、マーケターの仮説がそもそも大きくズレている可能性がありま す。やはり、実際の消費者と会話するほうが良いでしょう。

この工程によって、ビジネスサイズによる優先順位だけでなく、獲得難易度も考慮した上でターゲティングを行うことが可能になります。

ターゲットの「サイズ」を取るか、「獲得難易度」を取るか

これは私の経験にともなう私見ですが、大手のレガシー企業では潜在ターゲットサイズを優先し、スタートアップなどの新興企業では獲得難易度を優先してターゲティングを行う傾向があります。

潜在ターゲットサイズに偏りすぎると、「マーケットは大きいが、その中にいる顧客に刺さりづらいプロダクトやサービスになる」ケースが多くなります。ブランド・パワーの観点から言い換えると、このケースにあるブランドは、ブランド想起の量には成長性があっても、ブランド想起の質が高まりにくく、ブランドイメージの形成に苦労します。

一方、獲得難易度を優先しすぎると、「顧客を獲得できても、マーケットが小さいために、成長が鈍化あるいはストップしてしまう」ことが多々あります。このケースでは、購買に繋げるためのいわゆる〝刈取広告〟ばかりに注力するブランドが散見されますが、こうしたブランドは最初の壁である助成想起が高まらず、ブランド・パワー成長の道筋がなかなか見えません。

どちらを取るかは迷うところだと思いますが、マス広告などを行わない比較的ビジネス規模の小さいブランドの場合は、まずは「獲得難易度」の低い層を獲ることを優先するのが正しいアプローチでしょう。

また、一つの目安として、潜在ターゲットのうち約10％の顧客に購入をしてもらえた時にどれくらいの売上規模になるかを計算してみるとよいと思います。その売上規模の数値が、事業としての妥当性を考える際の参考値となります。

たとえば、潜在ターゲットの母数が１０００人しかいなければ、実際に購入してくれる顧客は多くとも１００人程度に留まってしまうという具合に計算します。このサイズだと、小規模のブランドであっても、恐らく事業として成立しないでしょう。潜在ターゲット数が10万人程あれば、その10％である1万人にまずはプロダクトやサービスを使ってもらうことを目指していきます。

事業として十分に成立するサイズであれば、最初はターゲットサイズは小さくてもよいのです。獲得難易度の低い、小さなターゲット層から始めていき、徐々にターゲットサイズを拡大していきます。この参考値と自社の事業計画を照らし合わせて、ターゲットサイズと獲得難易度のバランスを見ながらターゲティングを行えば、事業としての妥当性がありながら、投資を無駄にしない効率のよいブランディング戦略を構築することができるでしょう。

ステップ4：ブランドセンスチェック

ビジネスとして成り立つ市場規模があり、獲得難易度が高くないセグメントのあたりをつけたら、ブランドとしてまた企業としてそのセグメントを狙うことが中長期的な視点で本当に正しいかを社内で検討します。この工程を「ブランドセンスチェック」と呼びます。

ここでもステップ3と同様に、3が最も獲得すべき、2がどちらとも言えない、1が獲得すべきでないの3段階で評価します。

たとえば、若い世代をターゲットにした商品が伸び悩んでいる時、顧客数にボリュームがあるからといって高齢者向けの訴求を始めると、若い世代のブランド離反が発生するリスクがあります。仮に、一時的に若年層と高齢者層の両方をキープできたとしても、ボリュームが大きいほうのターゲットを追いかけていくことになるのがビジネスの性です。よって、この場合、ブランドイメージの形成は、年配層を対象にした方向で進められていくことになるでしょう。
最近では、とある高級ブランドがYouTuberを起用して実施したプロモーションについて、賛否が分かれていました。YouTuberのファンの方々を取り込み、新たな顧客層を獲得することを狙った施策であったと思われますが、SNS上では「既存顧客が離れてしまうのでは」「高級ブランドというイメージが薄れてしまうのでは」という意見が散見されました。このように、新規顧客を拡大する際、何かを失う可能性があることは、マーケティングの難しいところです。

もちろん、既に売上が大きいブランドでも、継続的に成長していくためには新規顧客の獲得は必要です。ですが、新しいターゲティングによって新規顧客を獲得できたとしても、本当にそのセグメントへの訴求を行うべきかの検討は必ずすべきでしょう。新しいセグメントを獲りにいくには、それ相応のポジショニングが必要であり、それはブランディングにも影響するからです。

一方、新規ブランドであれば、積み上がったブランド資産がないので、あまり気にする必要はありません。ですが、ブランドイメージは、最終的には購入するターゲット側によって構築されていくものです。ある程度、作りたいブランドイメージが確立されている場合、このステップを通じて狙うべきターゲットとそうでないターゲットを明確にすることは、ブランディングにおいて非常に重要です。そのため、ブランドセンスチェックのプロセスは、ブランド担当者だけでなく、経営者層も巻き込んで実行することをおすすめします。

ステップ5：プライオリティ

ステップ2の潜在ターゲットサイズ、ステップ3の獲得難易度チェック、ステップ4のブランドセンスチェックでは、各セグメントを3段階で評価しました。ステップ5では、それぞれのスコアの合計値を出し、ブランドとして狙うセグメントをターゲット群として確定させます。

ターゲット群の数は、セグメントの粒度によって異なりますが、できれば3つ、最大でも5つくらいに絞ると次のポジショニングのプロセスが明確になります。大きく属性の異なるターゲット層を獲りにいこうとするのなら、そもそも一つのプロダクトやサービスではなく、ブランド内にポートフォリオを作るほうが効率的になるケースもあります。特にブランド立ち上げの初期では、ターゲットを絞り込むことをおすすめします。

スコア化する時は、Excelやスプレッドシートで一覧化するとよいでしょう。

優先順位付け							
デモグラ	お酒の強度	自宅での飲酒頻度	セグメンテーション	潜在ターゲットボリューム	獲得難易度	ブランドセンスチェック	合計ポイント
20-40代女性	酒好き＆強い	週1回以上	20-40代女性、酒好き＆強い、週1回以上	3	3	2	8
21,659,000人	17.6%	62.89%	11.0%				
20-40代女性	酒好き＆強い	月1回以上週1回未満	20-40代女性、酒好き＆強い、月1回以上週1回未満	1	2	2	5
21,659,000人	17.6%	19.50%	3.4%				
20-40代女性	酒好き＆強い	月1回未満	20-40代女性、酒好き＆強い、月1回未満	1	1	2	4
21,659,000人	17.6%	11.95%	2.1%				
20-40代女性	酒好き＆弱い	週1回以上	20-40代女性、酒好き＆弱い、週1回以上	2	3	3	8
21,659,000人	16.5%	34.59%	5.7%				
20-40代女性	酒好き＆弱い	月1回以上週1回未満	20-40代女性、酒好き＆弱い、月1回以上週1回未満	2	3	3	8
21,659,000人	16.5%	31.45%	5.2%				
20-40代女性	酒好き＆弱い	月1回未満	20-40代女性、酒好き＆弱い、月1回未満	2	3	3	8
21,659,000人	16.5%	28.93%	4.8%				

【図表6-4】低アルコール飲料を例にしたプライオリティのイメージ

ステップ6：デプスインタビュー（N1インタビュー）

ステップ6から、ポジショニングの工程に入っていきます。

ポジショニングとは、ターゲティングで決定したターゲット群に対して、プロダクトやサービスの価値をどのように表現するか決めていくプロセスです。狙うべきターゲットに対して、訴求する便益を決定することがポジショニングにおける最大の目的で、POPやPODの定義とも深く関係してきます。

ポジショニングと言うと、ポジショニングマップという単語を連想される方も多いかもしれませんが、これを作ることがポジショニングのゴールではありません。ポジショニングマップは、あくまでも二つの軸を交差させた4象限の図で、自社と競合を比較検討するためのフレームワークであり、ポジショニングを決める際のヒントの一つくらいのイメージです。

ステップ5のプライオリティで決定したターゲット群のユーザーに対して、インタビュー調査を行うのがステップ6のデプスインタビューです。ここでデプスインタビューをするのは、定量調査では把握しにくい生活環境やライフスタイル・価値観・行動パターンなどのリアルな生活者像を把握しインサイトを発掘するためです。

ターゲットのことを理解できているようで、実はよく理解できていないということは度々あります。むしろ、理解できていることのほうが少ないでしょう。

たとえば、先に例に出した低アルコール飲料のブランドが、「週に3回以上飲酒をしている30代の女性」をターゲット群に定義しているとします。この時、「週に3回以上飲酒をしている30代の女性」が、20代からの習慣でそうなっているのか、コロナ禍で習慣が変わり飲酒をするようになったのかで、ターゲットの捉え方はガラリと変わります。もし、直近で飲酒のスタイルが変わったのであれば、そのきっかけや動機を聞いていくとおもしろいインサイトが見えることもあります。

インサイトを発掘するためには、デプスインタビューの一言一句が大事になります。録画や議事録を残すのは当たり前として、何を発掘したいのかの目的設計や事前準備をせずに、なんとなくインタビューを実施してしまうのは非常にもったいないです。ターゲットの声を一言一句聞き漏らさず、インサイトを見つけるヒントにしてください。

細かなコツとして、インタビューをする時は、聞きたい内容をフロー化し、2人1組で行うと進めやすいです。1人はインタビューをすることに集中し、顧客の深層心理を引き出せるようていねいに会話を続けてください。もう1人は、インタビューフローにメモを取り、社内ですぐに共有し見返せるようにします。

ステップ7：インサイト発掘

インサイトについては、これだけで1冊の本が書けてしまうほど、奥が深いステップです。ですので、ここでは、ステップ6のデプスインタビューをもとに、どのようにインサイトとしてアウトプットすればよいのかのプロセスに特化して解説します。

インサイトの定義については、アカデミックの場でも、経営・マーケティングの場でも、様々な議論があります。それらを見てみると、それぞれ定義に対するニュアンスは、微妙に異なっているようです。

私の定義では、インサイト＝消費者の既成概念によって隠れている、まだ言語化、顕在化されていない顧客ニーズです。既に消費者自身が「〜が欲しい」「〜に困っている」と表現するものは顕在化しているニーズであり、インサイトとは見なしません。そうではなく、市場の一般的な常識になっていない、顧客がまだはっきりと言語化できていないニーズ＝顕在化していないニーズを、インサイトとして定義しています。

したがって、**デプスインタビューで見つけるべきは「何がニーズなのか」ではなく、「何が既成概念なのか」**です。

繰り返しになりますが、インサイトは顧客の中ではそのニーズが明確に言語化されておらず、顕在化していないニーズです。ですから、いくらインタビューで質問しても、顧客の口から直接インサイトが発されることはありません。一方、顕在化しているニーズをもとにした消費者の既成概念は、たくさん出てきます。

たとえば、アルコール飲料に関するインタビューで「せっかくお酒を飲むのに、低アルコールだと何だか物足りない気がする」という発言があったとします。この発言を正面から捉えると、「せっかくお酒を飲むのに、低アルコールだと酔えないから物足りないのでは」という仮説を持てます。

しかし、よくよくインタビューを聞いていくと、アルコールで酔いたいというよりは、「仕事で疲れて帰った時に、冷えたおいしい飲み物を飲みたい。低アルコールだと、お酒の"味"や"香り"のクオリティが低いから満足できない」など、「低アルコール飲料=クオリティが低い」という既成概念があることがわかるかもしれませ

参考にしたインタビュー or 調査結果	参考にしたインタビューや調査結果について簡単に説明
ターゲットのセグメンテーション	どのセグメントに属するか
ターゲットの表面的なニーズ	インタビューで実際に発言していた言葉や、量的調査で見えている事実ベースでの表面的なニーズ
ターゲットが持っている既成概念	ターゲットが抱えている不満やニーズに対して、事実とは異なり、ターゲットが思い込んでしまっている勘違いや、既成概念、固定観念など
既成概念の奥にあるインサイト	ターゲットが、まだ言語化できていない本質的な不満や、既成概念を解いてあげるための気づきなど
インサイトに応えるベネフィット	インサイトに応える機能的・情緒的価値

【図表6-5】インサイト発掘時に整理するとよい項目

ん。この方は、「日常的なおいしさ」をお酒に求めていることがわかります。

ステップ7で掘り起こしたインサイトは、【図表6-5】のような形でまとめます。デプスインタビューの内容をもとにチームで議論し、ターゲットの表面的なニーズ、既成概念、インサイト、そしてそれに対応するベネフィットを見つけていきます。

ステップ8：タスクマップ

馴染みがない言葉かもしれませんが、タスクマップとは、顧客の〝現在〟の行動と、その行動の背景にある思考をまとめ、その顧客に取ってほしい〝理想〟の行動とその行動の背景をまとめるプロセスです。

インサイトを深掘りした後、実際にコンセプトに落とし込む前に必要なプロセスで、具体的には、発見したインサイトに対してぶつけていくべきブランドの便益とその根拠であるRTBを考えていきます。その時に重要なのが、顧客が現在行っている思考や行動が、新しいコンセプトをもとにしたコミュニケーションに触れることによって変わっていくのかを客観的に捉えることです。

タスクマップを用いて顧客の頭の中の考えを実際に言語化することによって、より具体的なコンセプトライティングが可能になります。加えて、理想の思考になるためのトリガー（きっかけ）とバリア（阻害要因）をまとめることにより、それらを考慮したコンセプトを描けているかの確認にもなります。このタスクマップの工程を飛ばして

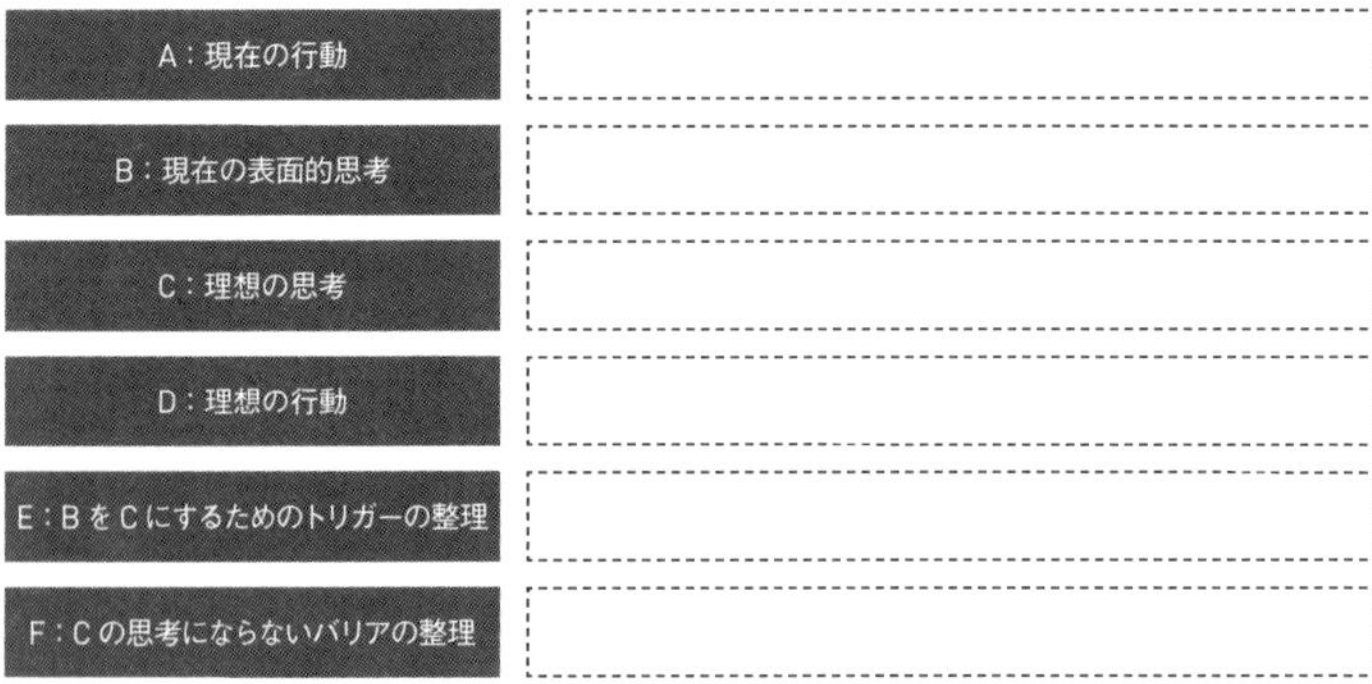

A：現在の行動
B：現在の表面的思考
C：理想の思考
D：理想の行動
E：BをCにするためのトリガーの整理
F：Cの思考にならないバリアの整理

【図表6-6】タスクマップのイメージ

しまうと、絵にかいた餅のようなコンセプトになることもしばしばで、まずは顧客の思考と行動を言語化してから、コンセプトライティングに入ることをおすすめします。

■A：（想定顧客の）現在の行動

想定顧客が当該カテゴリーでどのような購買行動をしているかを、ステップ6のデプスインタビューの内容などをもとに整理します。ここでは、定義したインサイトと連携すると考えられる代表的な行動を記入します。なお、ブランドの新規顧客の行動について考える場合、ここで想定する顧客は競合製品を使用しているか、そのカテゴリーの製品を使用していないことがほとんどです。

■B：（想定顧客の）現在の表面的思考＝言語化できていない思考（インサイト）

ここでは、Aの現在の行動の背景にある思考をまとめます。この内容を表面的なニーズに終わらせず、ステップ7で発掘したインサイトを踏まえて、できるだけ詳細な内容にすると、最終的なアウトプットであるコンセプトがより強固なものになります。

■C：（想定顧客の）理想の思考

次に、想定顧客が自社製品に興味を持った場合の理想の思考を想定して書いていきます。自分たちが伝えたい便益を顧客が完全に理解し納得してくれている、理想の状況です。Dで書くコンバージョンの定義によりますが、B2Cの製品であれば、製品を購入すると決めた瞬間の思考を書き、B2Bであれば製品の機能をある程度理解した上で、実際に問い合わせをする時の思考状態をまとめます。

■D：（想定顧客の）理想の行動

Dには自社プロダクトやサービスがコンバージョンされている状況を書きます。「ドラッグストアに行ってプロダクトを手に取って購入する」「ホームページを検索して、サービス内容を確認し、実際に問い合わせをする」といったイメージです。

■E：BをCにするためのトリガーの整理

Bの思考状態がCの思考状態になれば、自社製品やサービスが選択されることになりますが、そこには何かしらのトリガー（きっかけ）が必要です。

たとえば、Bの思考の中で、ターゲット顧客が現在使用しているプロダクトに不満があるとします。ならば、それを解消する便益を自社プロダクトが持っていることを理解してもらえれば、それがトリガーになります。不満を持っていなかったとしても、現在使用しているもの以上に便益があるプロダクトだと認知すれば、スイッチのトリガーになるかもしれません。BをCにするための要素を箇条書きで挙げていくとよいでしょう。

■F：Cの思考にならないバリアの整理

Eとは反対に、現在Cの思考状態になっていない（つまりDの行動も取っていない）のが、実際のターゲット顧客の状態であり、そこには必ずCの思考状態にならないバリア（障壁）があります。

典型的なバリアは「認知されていない」というものですが、どんなプロダクトやサービスも認知されたら即コンバージョン、になるわけではありません。認知しても、コンバージョンされない理由を明確にして、何がバリアになるかを考えます。整理する時は、箇条書きで構いません。

ステップ9：コンセプトライティング

最後に、【図表6－1】のフォーマットに沿ってコンセプトを書きます。この1枚のアウトプットから製品やサービス、各種プロモーションが生まれ、ブランドが形作られていきます。この後に、コンセプトテストのフローがあり、最終決定はそこで下すため、ここでは複数案のコンセプトをライティングしておきます。

私もユニリーバで経験しましたが、多くの消費財メーカーはこのコンセプトのアウトプットまでに数ヵ月をかけています。何度も何度もコンセプトを書き直します。ここで顧客に受け入れられる強いコンセプトを書けるかどうかが、売れる製品になるかどうかに直結するからです。そして、コンセプトは可能な限り端的なものにすることが重要です。

身近なところで考えると、コンセプトは人で言う"自己紹介"に近いです。コンセプトに色々な情報を詰め込みたくなる気持ちはわかりますが、それはダラダラと何分もかけて自己紹介をしてしまっているようなものです。自分のことをよく知ってもらいたいと思うがあまり、自分の生い立ちから趣味、好きな音楽、好きなスポーツ、食の好みなどを長々と話したとしても、聞いている人は「結局どんな人なんだろう?」、あるいは「話が長い人だな」くらいにしか思わないでしょう。実際、これまで受けてきた自己紹介を振り返ってみても、記憶に残っているのは"何かしら尖っていた一部分"ではないでしょうか? 話したいことをすべて詰め込んでも、細かいところまで記憶してもらうことはできませんし、「自分がどんな人なのか」をわかってもらうことも、ひととなりのイメージを持ってもらうこともできません。簡潔であるほうが、記憶にも印象にも残りやすいのです。

余談ですが、私は、人にもブランドの概念はあると考えています。ブランドが形成される最小単位は人であるとも言えるかもしれません。誰しもが同僚や友人、家族、あるいは俳優やモデルに対して「なんとなくこんな人」というイメージ(≒パーセプション)を勝手に自分の中で作り出していますが、そのイメージはまさにその人のブランドであると言えます。

ステップ10：コンセプトテスト&ロック

ステップ10のコンセプトテスト&ロックは、ライティングしたコンセプトをテストし、最終決定するプロセスです。

ステップ9のコンセプトライティングの段階では、どのコンセプトで進めるべきか、チーム内で意見が割れることもあると思います。その最終判断を行うのはもちろん、そのコンセプトがターゲットに本当に受け入れられるかを改めて最終チェックする必要があります。

可能であれば、コンセプト全体の印象を購入意向、推奨意向、市場での新規性などの観点で定量的に確認することをおすすめします。ただ、当然時間やコストにも限界がありますから、再度デプスインタビューなどを実施して、実際にコンセプトを見てもらい反応を確認する方法でもよいでしょう。

ネガティブな意見がある場合は、そのフィードバックをもとに再度コンセプトをブラッシュアップしていく必要があります。一番危険なのは、実際の顧客に最終確認をせず、社内でこれは大丈夫と思い込んで進めてしまったり、トライアル&エラーで実際に進めながら改良していく方法に頼り切ってしまったりすることです。

あらゆる製品やサービスは、顧客の視点によって価値が決まるので、多少のコストと時間を要しても、製品開発を進める前に正しいコンセプトをロックすることは非常に重要な工程だと考えます。

フレームワークを知っているだけでは、戦略は描けない

以上が、マーケティングの上流戦略を構築する10ステップです。ユニリーバしかり、P&Gしかり、グローバルのマーケティング先進企業は、10ステップで解説したような顧客分析からコンセプトを描くまでの工程に多くのエネルギーと時間を費やします。ここで設計した戦略が、先々の製品開発やマーケティングプロモーションなどに直結するため、この戦略構築こそがビジネスの成否を左右する最も重要なフェーズだと考えているからです。

皆さんが感じている通り、10ステップはとてもベーシックなものです。ですが、シンプルなフレームワークこそ、実行するのが難しいというのは、よく言われている通りです。マーケティングの上流戦略の構築方法を知っているか否かももちろん重要なのですが、本当に大切なのは、実行するか否かです。

「戦略を描けるマーケターは全体の1割程度」などと言われますが、描けるとは、これらのフレームワークを知っている人ではなく、実行できる人のことです。優れた戦略を描けるか否かは、なにか天才的なスキルの有無が問われるのではなく、基本的な工程を実践するか否かの実行力に尽きると思っています。というのも、グローバルブランドにいるマーケターなら全員が戦略的なマーケティングアプローチを取れるかというとそうではないように思います。方法は知っているけれど、実行したことのない人もきっと多数いるだろうからです。

そして私は、定量調査、定性調査、コンセプトライティングなどは、可能な限り事業会社の中で内製すべきだと考えています。ブランド・パワーをはじめとするマーケティングの効果検証をもって、定期的に戦略の上流部分に立ち返り、スピーディーに次のアクションに繋げるためには、やはり自社内で一連の工程を行える力をつける必要があります。

ぜひ、自社のマーケティング業務の中に、この10ステップを組み込む方法を考えてみてください。

7章

「概念としてのブランディング」から次元を引き上げよ

世界で知った「ブランド」にかける本気度

ロンドンのユニリーバ本社で勤務していた時、世界のマーケティングの在り方を目のあたりにする中で、実感をもって学んだことがあります。それは、マーケターや経営陣たちのブランディングに懸ける本気度です。

ユニリーバに限らず、グローバルで事業を展開している企業なら同様だと思いますが、みんな本気でブランドを伸ばそうとしています。同時にブランドを守ることにも多大な労力をかけ、先人たちが作り上げてきたブランドを未来にわたって持続的に成長させようとする強い意思を持っています。

日本、中国、アメリカなどユニリーバ現地法人の経営陣は、基本的に単年のP＆Lを達成すべく、明日の売上を追いかけます。その前提には、もちろん、中長期的なブランドの成長が重要であるという企業としての命題があります。

それはそうなのですが、本部でグローバルのブランド戦略を構築し実行しているマーケターたちは、ブランド・パワーにかける本気度が、本当に全然違っていたのです。常に議論の中心には、中長期の視点でいかに強いブランドを作るかという思考があり、良くも悪くも、単年のＰ＆Ｌ達成が議題になることはほとんどありませんでした。

たとえば、私はグローバル本部でDoveのブランド戦略を担当していたのですが、ブランドマーケティングの部署とは別に、当時は「Dove Master Brand」というチームもありました。これは、Doveが〞ブランドとしてどうあるべきか〝を考えるためのチームで、マーケティングチームは常にこのチームと連携をしながら、Doveらしいブランド戦略やプロダクトについて議論をします。そして、それらのブランド戦略が国や市場が変わってもズレていかないように、各国にいるブランド責任者と日々会話を重ねていきます。自分もそこに加わる中で「この人たちは世界でただ一つのブランドアセットを作ろうとしているのだ」と肌で感じ、これにより私のマーケターとしての視野は格段に広がりました。

そう、ブランドは、競争力の源泉であり、アセットなのです。日本にいると、なかなかこのことを実感できません。

実際、ロンドンに渡る前、日本でＬＵＸとDoveのブランドマネージャーを務めていた時は、「なぜ、本社は日本の事情を理解してくれず、グローバルの事情を押し付けてくるのか」「日本の消費者はイギリスと異なるのに、なぜ日本流にアレンジさせてくれないのか」などと思ったものです。

ですが、それも今思えば、当然のことです。ブランドイメージの形成にイレギュラーが起きると、ブランドとして企業としての長期的な存続に影響しかねません。各国で自由にブランドを飾り、マーケティングを展開したら、一つのブランドとしての整合性はなくなります。ブランド力も売上・利益も、トレンド的な流行り廃りや、マーケットごとに変化する顧客ニーズに左右されてしまうでしょう。アセットとしてブランドを捉え、一つひとつ積み上げるようにていねいに長く続くブランドを作り上げていくことこそが、事業活動に大きなリターンを生み出します。

グローバル基準のブランディングを学び、彼らがブランドにかけている本気度を肌で感じられたことで、私のブランディングに対する考え方は大きく変わりました。

ビジュアルやコミュニケーションうんぬんの局所的な話でブランディングを終わらせてはいけません。この次元からブランディングを引き上げなければ、世界で戦える強いブランドを日本企業から生み出していくことはできないと考えます。ブランディングは企業の競争力を高めていくための経営戦略であると捉え、マーケターはもちろん経営者も「ブランド」に向き合うべきです。

パーパスすら、売上と利益を作る「手法」である

近年、日本でもパーパスに対する関心が高まってきました。本書も終わりに近づいてきたところで、パーパスブランディングについても触れておきたいと思います。パーパスとは企業活動の文脈で翻訳すると「社会的な存在意義」ですが、言葉が持つ意味を最も端的に表すと「目的」という意味になります。

パーパスを起点にした日本企業の活動を見ていると、パーパス＝企業の営利とは関係ないところで社会貢献をする活動、いわゆるＣＳＲ的な枠組みになっているように見えます。しかし、私は**パーパス＝売上と利益を中長期的に伸ばすための手法の一つ**と捉えています。

パーパスブランディングとは、企業やブランドが成長していくのに従って、人々や社会にどのようなメリットを与えられるかを定義し、それを実現するためのアクションを取っていくこと。企業活動の「目的」を顧客に明確に伝えていくことです。これ

が〝ブランディング〟とされるのは、成熟社会を迎えている現代、あらゆるカテゴリーで製品があふれ、いずれも機能価値での差別化が難しくなっている中で、パーパスが消費行動における意思決定の材料になり得るからです。

お察しの通り、パーパスがマーケティングの投資対象となるには、購買に対する消費者の考え方や価値観が変わっていくことが前提になります。事実、パーパスブランディングへの投資は、日本ではまだ先行投資の域を超えていませんが、既にグローバルでは標準投資です。これはつまり、日本の外では購買に対する消費者の意思決定が変わりつつあることを示しています。

良い製品を作る、魅力的なパッケージを作る、新しい広告を作るといったことと同じように、パーパスを持つということが、事業活動において当たり前になってきているのです。

もとより、日本は製品やサービスのレベルが非常に高い国です。商品・サービスの購買によって得られる直接的・短期的な便益が平均して高い中で、それ以外の間接的・中長期的な価値が示されているブランドを選ぼうと考えるようになる時代は、そう遠くないでしょう。

ユニリーバは、パーパスブランディングにおいても先進的な企業です。

2009〜2019年にCEOを務めたPaul Polman氏のリードのもと、すべてのブランドでパーパスを持つことでビジネスを拡大させていくという戦略が今日までとられています。2009年に策定された「ユニリーバ・コンパス（当時はザ・コンパス）」でも、パーパスは継続的な成長、競争力ある成長、利益ある成長、そして責任ある成長を実現するための戦略であると明示されています。

中でも、Paulの次にCEOを務めたAlan Jope氏の次の言葉は本質を捉えた言葉として、自分の中にも深く刻まれています。

「It is not about putting purpose ahead of profits, it is purpose that drives profits.」

（利益を差し置いてパーパスを掲げているのではない。利益を拡大するためのパーパスである）

この言葉は、企業としてパーパスを追求するとしても、それはあくまでも売上と利益を拡大するための「手段」であることを明確に伝えるものだと理解しており、グローバル企業のリーダーとしての信念を感じます。

ですが、売上と利益を上げることだけが企業活動のゴールかというとそうではありません。ユニリーバは「サステナビリティを暮らしのあたりまえに」という明確なパーパスを掲げており、これを〝企業のブランド〟にしようとしています。ユニリーバは、サステナビリティやパーパスを大切にしている企業なのだというイメージを顧客に持ってもらえるように、明確な戦略を立てて、ブランディングを通じてそれらを確実に実行しているのです。

パーパスを公言し、実行していくことで、企業なりブランドなりのイメージを形成し、売上と利益を成長させていく。そうして企業やブランドの規模が拡大すると、企業はさらに大きなパーパスを掲げ、実現に向かって活動していくことができる。パーパスブランディングとは、そのような循環を繰り返すものであるべきだと考えます。

経営としてのブランディング

私の定義では、ブランドとは、企業や個人が提供する価値、品質、信頼性、そして顧客との感情的なつながりを包括するものです。加えて、プロダクトやサービスを提供する主体だけでなく、その背後にあるビジョン、使命、価値観をも包括するものだとしています。

概念としても非常に複雑で、ふわっとしていて、掴みどころがないように感じるでしょう。ですが、それは、ブランドを評価し、最終的にブランドイメージを形成する顧客においても同様です。

顧客は常に、プロダクトやサービスが持つ特徴や利点、信頼性、品質、魅力などを総合的に認識し、それらを〝相対的に〟評価しています。その評価の結果、購入するか否かの判断をし、さらに再購入をしてブランドに好意を持つか離れていくかという工程を、無意識に繰り返しているのです。

このように考えると、**ブランドが果たす役割は、プロダクトやサービスが本来持っている提供価値を増幅させること**であると言えます。プロダクトの機能性が高いブランドの売上が、機能性の劣るブランドよりも低いという現象が時折起こるのはこのためです。

マーケティングにおいて、機能的な特徴で差別化を図るのが難しくなっている時代に、ブランドが役割として有する力を高めていくことは、やはりどんな企業においても重要と考えます。そして、ブランド自身においても顧客においても、掴みどころがなくふわっとしているブランドに輪郭を与えてくれるものがあるとすれば、それはブランドが掲げる「目的」になるのではないかと考えます。

ここまで読んでくださった皆さんには、ブランディングがマーケティングプロモーションの枠組みに収まるものではないことを十分に理解してもらえていると思います。包括的で複雑なブランドを、事業活動を通して創造・育成していくことで、売上と利益を高めていくというブランディング活動は、経営と表裏一体にあるものです。

ブランドが掲げる「目的」に顧客、社員、株主、社会が共感してくれているのであれば、そのブランドは成長の循環を作り出す準備ができています。成長の循環を回していく際に、ブランディングを可視化するブランド・パワーという指標を役立てていただければと願い、本章の結びとします。

おわりに

経営やマーケティングに携わる人であれば、他社の売れていく新製品を横目に見たり、他の代理店が提案する新しい施策を見たりして、うちの会社は全然マーケティングが進んでいない、いつも先手を取られている、と不安に思うことがあるのではないでしょうか。

大手消費財メーカーにいたものの、実は、私も隣の芝生を見ては唐突に不安を覚えることが幾度となくありました。その度に、不安をかき消すように、マーケティング関連の書籍を読んでは、競合のブランディング戦略を研究し、提案書を作っては書き直しと、自問自答を繰り返していたように思います。

そんな中で、ふと気付いたことがありました。戦略も、戦術も、施策も、驚くような魔法のような一手はどこにもないな、と。

もし、脚光を浴びるようなマーケティングやブランディングの施策を生み出せたとしても、数ヵ月後には競合に模倣され、新規性はとたんに失われます。青く見えた隣の芝生には、世の中でまだ見たことのない苗が植えられているわけでも、希少な肥料が潤沢に使われているわけでもありません。青い芝生は、日々ていねいにケアがされているだけなのです。

これはマーケティングやブランディングにおいても同様です。強いブランドこそ、基本に忠実に、真っ当なマーケティング戦略を徹底しています。市場にいる顧客の確かなニーズを把握し、ニーズに応える価値を提供し、変わりゆく市場に合わせて、何度もていねいに戦略を磨き続けるほかに、強いブランドを作る術はありません。

世の中には、様々なブランドの素晴らしい成長事例が多々ありますが、いずれも魔法のような手法によって実現されたものではないことは周知のとおりです。もし、自社ブランドのいる市場に短期間で急成長しているブランドがあるなら、HOWのプロモーションに目を向けるより先に、そのブランドがていねいにメンテナンスをしているであろうWHO／WHATの戦略の部分に目を向けてみてください。

そして、自社のマーケティングスキルが足りない、こんな高度なメソッドはない、そんなに潤沢なマーケティング予算はないなどと考えず、一度スタート地点に立ち返り、自社ならではの強みを活かした基礎的なマーケティングとブランディングをていねいに実行していただきたいと思います。地道にメンテナンスを継続した先には、強いブランドの確立と、それにより切り開かれたビジネスの成長が待っているはずです。

市場は常に変革し、また人々の価値観も変わり続けます。これから先、その変革はより加速するでしょう。

普遍的なマーケティングの考え方は存在しますが、マーケティングは不変であってはなりません。変革を続ける世界にあわせて、常に我々自身も進化し、企業やブランド、個人が本来持っている潜在的な価値を引き出す新しいマーケティングを考え続けていく必要があります。

そう遠くない未来に、世界最高のブランドを日本企業から生み出したい。そんなブランドを生み出せる企業を輩出し、日本のブランディングの水準を世界最高峰にしていきたい。これが、Brandismを立ち上げた私の目標であり、本書を書いている目的でもあります。

総じて、日本のブランドは品質、革新性、伝統、社会的責任、安全性などの観点で、非常に強い基盤と高いポテンシャルがあります。継続的にブランド・パワーを強化し、国内での競争力を高めていくことによって、世界でも戦えるブランドがいくつも生まれてくるだろうと確信しています。

今回ご紹介した「ブランド・パワー」は、売上と利益を上げていくための普遍的な考え方として機能すると自負しています。ただし、この考え方も時代に合わせて、常に進化させていく必要があり、そのためには読者であり、実務家の皆さんと一緒に考え続ける必要があります。この本を手に取ってくださっている読者の皆さんは、きっと現状に満足せず、新しいマーケティングの考え方を求めている勉強熱心な方々だと思います。

ぜひ忌憚なきフィードバックをいただくとともに、進化し続けるマーケティングの未来について、いつかどこかでお話しできることを楽しみにしています。

謝辞

ユニリーバを退社し、Brandismとして独立してまだ間もない私にこのような書籍の執筆の機会を与えてくださり、常に並走しサポートをしていただいた翔泳社と編集者の松﨑美紗子さんにこの場をお借りして感謝をお伝えさせてください。一言一句、私の伝えたいニュアンスを汲み取ってくださり、読者の視点に立って内容へのフィードバックをていねいにいただきました。何よりも、「木村さんの初めての書籍なので」と、書籍内容から表現される著者やBrandismのブランディングを常に考えてくださったことは感謝してもしきれません。本当にありがとうございました。

また、ユニリーバ、そしてラフラ・ジャパンを通じて出会ったすべての皆さまに感謝します。本書で書かれているマーケティングやブランディングに関する考えは、実務を通じて出会ったあらゆる人々との仕事を通じて形成されました。学生時代にマーケティングや経営を学問として勉強をしていなかった自分にとって、本書で書かれている知識は全てユニリーバとラフラ・ジャパンを通じて得られたものです。また、

Brandismとしての独立を応援して下さり、ユニリーバからの卒業を前向きに受け入れて下さったことも心から感謝しております。

そして、執筆にあたり、毎日のように壁打ちをし、日々の業務のサポートをしてくれたBrandismのメンバーの皆にも、本当に感謝しています。

最後になりましたが、Brandismの支援先である企業の経営者やご担当者の皆さまにも心から感謝しています。毎日の支援業務の中から、たくさんの学びがあり、私自身の視座も日々高まっている実感があります。素晴らしいブランドだからこそ、そこに携われていることに喜びを感じながらも、必ず成果に繋げなければならないという緊張感を日々感じています。売上と利益を上げていくためのブランディングを通じて、成果を残し続け、日本そして世界でも有数のブランドを共に創れるよう、今後も全力で支援させていただきます。

参考書籍

『売れるもマーケ 当たるもマーケ――マーケティング22の法則』
アル・ライズ、ジャック・トラウト／1994／東急エージェンシー

『確率思考の戦略論 USJでも実証された数学マーケティングの力』
森岡毅、今西聖貴／2016／角川書店

『企業の「成長の壁」を突破する改革　顧客起点の経営』
西口一希／2022／日経BP

『ザ・ブランド・マーケティング　「なぜみんなあのブランドが好きなのか」をロジカルする』
スコット・ベドベリ、スティーヴン・フェニケル／2022／実業之日本社

『ジョブ理論 イノベーションを予測可能にする消費のメカニズム』
クレイトン・M・クリステンセン、タディ・ホール、カレン・ディロン、デイビッド・S・ダンカン／2017／ハーパーコリンズ・ジャパン

『たった一人の分析から事業は成長する 実践 顧客起点マーケティング』
西口一希／2019／翔泳社

『The Art of Marketingマーケティングの技法――パーセプションフロー・モデル全解説』
音部大輔／2021／宣伝会議

『ドン・シュルツの統合マーケティング』
ドン・シュルツ、ハイジ・シュルツ／2015／ダイヤモンド社

『なぜ「戦略」で差がつくのか。――戦略思考でマーケティングは強くなる――』
音部大輔／2017／宣伝会議

『Net Positive ネットポジティブ　「与える>奪う」で地球に貢献する会社』
ポール・ポルマン、アンドリュー・ウィンストン／2022／日経BP

『ブランディングの科学 誰も知らないマーケティングの法則11』
バイロン・シャープ／2018／朝日新聞出版

『ブランディングの科学 [新市場開拓篇]
エビデンスに基づいたブランド成長の新法則』
バイロン・シャープ、ジェニー・ロマニウク／2020／朝日新聞出版

『ブランド・エクイティ戦略——
競争優位をつくりだす名前、シンボル、スローガン』
デービッド・アーカー／1994／ダイヤモンド社

『ブランド・パワー——最強の国際商標』
ポール・ストバート／1996／日本経済評論社

『ブランド評価手法——マーケティング視点によるアプローチ——』
守口剛、佐藤栄作、佐藤忠彦、里村卓也、鶴見裕之、樋口知之／2014／
朝倉書店

『ブランド評価と価値創造——モデルの比較と経営戦略への適用』
刈屋武昭／2005／日本経済新聞出版

『ブランド論——無形の差別化を作る20の基本原則』
デービッド・アーカー／2014／ダイヤモンド社

『ブランディング22の法則』
アル・ライズ、ローラ・ライズ／1999／東急エージェンシー

『マーケティングの扉 経験を知識に変える一問一答』
音部大輔／2023／日経BP

『マーケティングプロフェッショナルの視点 明日から仕事がうまくいく24のヒント』
音部大輔／2019／日経BP

本書内容に関するお問い合わせについて

このたびは翔泳社の書籍をお買い上げいただき、誠にありがとうございます。弊社では、読者の皆様からのお問い合わせに適切に対応させていただくため、以下のガイドラインへのご協力をお願い致しております。下記項目をお読みいただき、手順に従ってお問い合わせください。

[ご質問される前に]
弊社Webサイトの「正誤表」をご参照ください。これまでに判明した正誤や追加情報を掲載しています。
▶**正誤表**　https://www.shoeisha.co.jp/book/errata/

[ご質問方法]
弊社Webサイトの「書籍に関するお問い合わせ」をご利用ください。
▶**書籍に関するお問い合わせ**　https://www.shoeisha.co.jp/book/qa/

インターネットをご利用でない場合は、FAXまたは郵便にて、下記“翔泳社愛読者サービスセンター”までお問い合わせください。
電話でのご質問は、お受けしておりません。

[回答について]
回答は、ご質問いただいた手段によってご返事申し上げます。ご質問の内容によっては、回答に数日ないしはそれ以上の期間を要する場合があります。

[ご質問に際してのご注意]
本書の対象を超えるもの、記述個所を特定されないもの、また読者固有の環境に起因するご質問等にはお答えできませんので、予めご了承ください。

[郵便物送付先およびFAX番号]
送付先住所　〒160-0006　東京都新宿区舟町5
FAX番号　03-5362-3818
宛先　(株)翔泳社 愛読者サービスセンター

株式会社Brandism 代表取締役

木村元

(きむら・つかさ)

2009年ユニリーバ入社。約14年間、LUXやDoveなどのブランド・マーケティングを経験。国内を中心とした360°のマーケティング戦略からグローバルのブランド戦略、製品開発まで幅広く従事。ロンドン本社にてDoveのブランド・マーケティングを担当し、グローバル全体のブランド戦略設計をリードした後、2020年1月よりユニリーバ・ジャパンでDoveブランドを統括。2021年7月ユニリーバ・グループのラフラ・ジャパン株式会社 代表取締役に就任、あわせてユニリーバ・ジャパンのスキンケアカテゴリーを統括。2023年5月に独立し、株式会社BrandismでB2BからB2Cまで幅広く経営とマーケティングのサポートを行っている。

会員特典データのご案内

会員特典データは、以下のサイトからダウンロードして入手いただけます。

https://www.shoeisha.co.jp/book/present/9784798182834

注意

※会員特典データのダウンロードには、SHOEISHA iD(翔泳社が運営する無料の会員制度)への会員登録が必要です。詳しくは、Webサイトをご覧ください。

※会員特典データに関する権利は著者および株式会社翔泳社が所有しています。許可なく配布したり、Webサイトに転載することはできません。

※会員特典データの提供は予告なく終了することがあります。あらかじめご了承ください。

デザイン　小口翔平＋嵩あかり＋村上佑佳（tobufune）
DTP　アズワン株式会社
本文イラスト　ノビル

ブランド・パワー

ブランド力を数値化する「マーケティングの新指標」

(MarkeZine BOOKS)（マーケジンブックス）

2023年12月22日　初版第1刷発行

著者　木村元（きむら・つかさ）
発行人　佐々木幹夫
発行所　株式会社翔泳社
印刷・製本　中央精版印刷株式会社

本書へのお問い合わせについては、270ページに記載の内容をお読みください。
落丁・乱丁はお取替えいたします。03-5362-3705までご連絡ください。
ISBN 978-4-7981-8283-4　Printed in Japan